新媒体传播学概论

Introduction to New Media Communication

褚亚玲　强华力　著

中国国际广播出版社

图书在版编目（CIP）数据

新媒体传播学概论 / 褚亚玲 , 强华力著 . -- 北京：
中国国际广播出版社 , 2018.5
ISBN 978-7-5078-4312-5

Ⅰ . ①新… Ⅱ . ①褚… ②强… Ⅲ . ①传播媒介—概
论 Ⅳ . ① G206.2

中国版本图书馆 CIP 数据核字 (2018) 第 095801 号

新媒体传播学概论

著　　者	褚亚玲　强华力	
责任编辑	张娟平　郑凤杰	
装帧设计	有　森	
责任校对	吴光利	

出版发行	中国国际广播出版社 [010-83139469　010-83139489（传真）]
社　　址	北京市西城区天宁寺前街 2 号北院 A 座一层
	邮编：100055
网　　址	www.chirp.com.cn
经　　销	新华书店
印　　刷	北京市金星印务有限公司

开　　本	710×1000　1/16
字　　数	169 千字
印　　张	12.25
版　　次	2018 年 10 月北京第一版
印　　次	2018 年 10 月第 1 次印刷
定　　价	48.00 元

CRI
中国国际广播出版社　欢迎关注本社新浪官方微博
官方网站 www.chirp.cn

目　录

序　言

　　以数字技术为主体的新媒体正日益渗透到并变革着人们社会生活的方方面面，媒体的新形态、新服务层出不穷，新媒体传播对社会生活产生着巨大的影响。传统的传播学理论在移动互联网、大数据时代受到挑战与冲击，有的理论已经不适用于现下社会背景，有的理论得到强化与拓深，有的理论需要向新的领域探索，基于此，本书综合了当前新媒体传播领域最新的应用与前沿理论成果，全面而系统地论述了新媒体传播学相关理论，提出了一些关于新媒体传播理论的新思考。

　　本书主要内容包括新媒体发展历程、新媒体传播学的内涵与特性、关键技术、新媒体传播者、新媒体传播内容、新媒体传播渠道与过程、新媒体传播模式、新媒体传播受众、新媒体传播理论、新媒体传播的伦理规范，以及目前广受关注的大数据、AI 技术与新媒体传播，介绍了构建新媒体云服务平台及其相关前沿应用与发展趋势等内容，对物联网、"数据 +" 理论等前沿内容都有所论述，并结合大量生动鲜活的案例一一进行分析，易于读者全面了解和正确理解新媒体传播学。

　　本书适合新媒体传播、数字媒体技术、广播电视学、数字内容设计等相关专业的本科生、研究生，以及从事新媒体传播研究、开发与应用的相关人士阅读参考。

第一章　新媒体传播概述

第一节　新媒体之前世今生

新媒体是指通常被用于公共通信方面，除了传统媒体报纸、广播、电视等之外的新媒体形式，是一个宽泛的概念，新媒体利用数字技术、网络技术，通过互联网、宽带局域网、无线通信网、卫星频道，以及电脑、手机、数字电视终端等通信模式向用户提供信息和娱乐服务。

一、与时俱进"新媒体"

新媒体并不是一个新的概念，每一个历史时期媒体的发展都会有一个"新媒体"，"新"是与"旧"相对而言的。

从历史发展的角度来看，任何时期新出现的媒体，都可以在一定时间内被称为新媒体。在 20 世纪 20 年代，电台是新媒体，40 年代，电视是新媒体，今天数字广播、IPTV、微博、微信、是新媒体，新媒体是一个时间的、相对的概念。但是，当前的以网络媒体和手机等移动媒体为代表的新媒体与历史上任何一个时期的新媒体都有本质的区别，今天的互联网从形式、内容等方面扩大了媒体的边界。新媒体现在已经不仅是一种媒体，而是越来越多媒体化了。报纸是传统媒体，但报纸通过上网成为电子报，通过手机发行成为手机报就变为了新媒体。今天的新媒体很难说有一种特定的形态，数字化和移动化则被认为是新媒体的根本特征。

新媒体逐步成为使用率最高的媒体形态。2016 年 8 月，中投顾问发布的《2016 — 2020 年中国新媒体产业投资分析及前景预测报告》[①] 显示，新媒体的使用率大幅攀升，客户使用新媒体的习惯正在形成。常使用的媒体形态中，使用视频类网站 / 客户端 /App 的新媒体用户从五年前的 24.7%，提高到当前的 64.9%。新闻客户端从五年前的 15.1% 提高到当前的 58.6%。互联网电视和音频类网站 / 移动电台 App 也有相似的趋势，相比之下，纸质报纸、纸质杂志、电视、广播电台等传统媒体的用户使用比例下跌明显。新媒体用户互联网电视拥有率达 8.9%，高于传统电视 47.3%，60.8% 的新媒体用户将微信、微博等社交媒体作为获取新闻资讯的主要方式，用户日益养成依赖社交媒体获取信息以及表达诉求的习惯，同时 58.9% 的用户将手机新闻客户端作为获取新闻资讯的主要方式。

二、新出现的传统媒体

数字化技术时代的到来，带给新媒体以指数性增长。如今的"新媒体"队伍不断扩大，以数字化技术为支撑，由互联网衍生，经由手机这个原本单一的通信工具，"繁殖"成为一个多样并不断增加的"新媒体"大家族。以互联网为首，博客、播客、维客、手机报、手机电视、手机杂志、手机广播、数字电视、移动电视、楼宇电视、IPTV、虚拟社区，甚至网络杂志、网络广播、网络电视等等形式如雨后春笋，层出不穷。

交互性是新媒体区别于以往媒体的最突出特点。它包括两个含义：信息发送者和接收者之间的信息交流是双向的；参与个体在信息交流过程中都拥有控制权。对传播者而言，媒体个人化指媒体内容个人化、传播服务方式个

---

① 2016 — 2020 年中国新媒体产业投资分析及前景预测报告 _ 百度文库 https://wenku.baidu.com/view/4243da1c84254b35effd341f.html，访问于 2018 年 3 月 1 日

人化、传播风格个人化、信息使用共享化。对信息受众来说，媒体个人化意味着获取的信息能满足自己的个性化需求，能够与传播者进行互信和有效的反馈和沟通，能够按自己乐于接收的服务方式接收信息。同时，与传者的交流不仅限于信息的共享，更多的是思想和情感的沟通。特别是在互动媒体中，有时很难明显地把传者和受者截然分开。

用互动性的标准衡量目前所出现的各种媒体形态，就可以发现，一些所谓的"新媒体"其实只是"新出现的传统媒体"。车载移动电视、户外媒体楼宇电视就是典型的"新出现的传统媒体"。[①] 例如车载移动电视和户外媒体就只是在中国新出现的传统媒体形态，因为它们缺乏新媒体的本质特征——互动性。对用户而言，车载移动电视毫无互动性可言。它具有封闭的空间，无选择性地被动接收信息，不能调换频道，不能屏蔽广告，强制收视，不以人的意志为转移，随时移动，随时收看。楼宇电视的信息传播具有很强的被动性，而缺少用户的主动性与互动性，这与新媒体的本质特征背道而驰。

综上所述，笔者认为，新媒体是以数字信号的实时传递为技术基础，通过传统媒体与信息科技产品的技术嫁接而衍生，以人际传播和群体传播为主要传播类型的媒体群。

每一种新事物的出现，都是对旧事物的继承和发展，新媒体也不例外。它不仅继承了以往传统媒体的优点，并将这些优点更加突出地表现出来。我们不仅要看到新媒体并非十全十美，更应该看到它也有自己的不足。还要看到，随着技术的进步，现在的新媒体也会变成所谓的"传统媒体"。需要特别指出的是，概念是发展的、变化的，并不是一成不变的。因为事物本身是在不断发展变化的。加之人们对事物的认识是一个循序渐进、不断深化的过程，人类逐步、愈来愈多、愈来愈正确、愈来愈深刻地认识事物的本质。因而，关于事物的概念也就随之变化。无论新媒体的定义是什么，它都是人们为了

---

① 胡洁萍、杨树林、孙丽.新媒体的特征及其发展趋势探析［J］.北京印刷学院学报，2014,22(05):22 — 24+45.

无阻碍地沟通、交流、获取信息的一种手段，是一种人与人、人与社会之间相互作用的中介。

第二节　新媒体传播

一、新媒体传播特征

1. 数字化

数字化成为新媒体最显著的特征。媒体从来都是随着科学技术的发展而发展的，产生于20世纪40年代的数字技术的快速发展给媒体带来了自诞生以来最大的一次技术变革，数字化成为新媒体的最显著的特征。

新媒体的一个重要标志就是数字化，就是传输手段和接收终端的多样化。不仅如此，数字技术使新媒体在表达形式上突破了媒体特性的限制，打破了传统媒体的固定表达模式，可以多种方式呈现新闻。如传统平面媒体以文字、图像表达，广播传播使用声音，电视运用影像、声音……而新媒体则是文字、声音、图像、动画，甚至虚拟环境俱全。尼葛洛庞帝说，这个世界，不再是原子式的了，而是字节式的。字节化生存，使得媒体内容在各种平台上予以打通。无论是文字，还是声音，还是视频、图片，统统被转化为"字节"。如果说报纸哪一天可以在头条上来段视频，也不是不可能的。

2. 交互性

新媒体的传播方式可简单描述为：个人对个人、多人对个人和个人对多人。异步传播，是指信息受众通过使用网络资源寻找所需的信息的活动，例如查看网页，远程通信等；多人对多人的异步传播，如新闻讨论、贴吧和论坛等；个人对个人的异步传播，如留言，电子邮件；个人对少数人、个人对个人、个人对多人的同步传播，例如微信等聊天软件，在线游戏等。在第一类中，用户只是作为信息的受众，而在后三类里，用户很有可能是信息的发布者或交流者。由此可见，新媒体的传播方式最突出的变化即为传播者与接收者不仅仅是指个人，也可能是大众，不仅是信息的接收者，也可能是信息的发布者。

受众不再只是接收信息的人，或者说已经没有单一的受众的概念，这给在传统媒介中无发言权的"沉默的大多数"提供了说话的机会。在新媒体中，大众可以决定接收媒体的时间、内容、主题，而且可以随时反馈其态度或决定，可以随时把自己的所见所闻、所思所想作为信息输入网络中，并通过"信息高速公路"传送给其他信息接收者。任何人只要"有话要说"，均可将自己的思想、观点传播出去。任何"志趣相投"的人也可以在网络上交换意见，毫不受"守门人"的影响。这种逐渐形成的新媒体，对社会、对既存媒体将带来巨大影响。正如英国社会学家吉登斯所说："在互联网上，没有人可以知道其他人的真正面貌——他们是男性还是女性，或者生活在哪里。"法国后现代主义思想家鲍德里亚也说过，在网络空间里，我们不再是"人"，而是出现在另一个人的电脑屏幕上的信息。

3. 技术性

新媒体时代，先进的数字技术、无线通信技术、计算机网络技术无疑是推动传媒业发展的重要因素，也是催生新媒体的不可或缺的条件。新的媒介技术引起了传播特征的变革，拓展了新媒体传播的渠道，促成了新媒体传播框架与体系的建构，在提升传播效率的同时大大拉进了人与人之间的距离，推动着社会传媒的信息化、现代化。

4. 个性化

借助新媒体，用户对信息不仅有选择权，还有控制权，可以改变信息的内容和形式。比如借助搜索引擎，信息的接收者可以选择自己感兴趣的信息；通过网络，人们可以选择自己喜欢的文章、音乐、图片或视频；通过 E-mail、MSN、QQ，或者微信订阅，可以定制新闻……"个性化""分众化"显现在新媒体的细节设计当中。新媒体就是能对大众同时提供个性化的内容的媒体，是传播者和接收者融会成对等的交流者、而无数的交流者相互间可以同时进行个性化交流的媒体。

5. 非线性传播

传统的播出系统中，电台、电视台采用的都是"线性播出"：受众只能按照预先设置的播出单，在预定的时间里分秒不差地依次收看节目。而新媒体的传播是非线性的，强调受众自主选择和反馈。互联网的搜索功能，网络社区、手机媒体的交互功能，IPTV 的点播功能、等等，都代表着新媒体突破了线性传播的模式，使得受众成为可以利用媒介进行主动信息搜索和传播的主体。

6. 风险性

受到网络开放性的影响，当前新媒体新闻在传播过程中，无论身处何种文化背景、地域以及族群的人均能够自由接收与交流各种新闻信息，在此过程中每一个人都有利用网络进行文字谈话、新闻交流、群体讨论以及聊天通话等活动的权利。但是从我们了解到的情况来看，网络开放在带来益处的同时，还存在着很多风险，诸如：增大了虚假信息以及网络诈骗等网络风险。

7. 政治特征

现代社会，媒介已经渗透到我们社会体制的各个方面，并且成为影响其他社会系统变化、发展的不可忽视的力量。媒介与政治系统的关系也非常密切。政治系统的有序运行有赖于大众媒介系统的参与，政治人物或政党、团体只有通过大众媒介才能将自己的主张和声明列入公众议程。因此媒介系统功能的发挥直接影响到政治系统的运行，如媒介的监督有助于建立廉洁高效的政府，大众媒介在政府、政党方针政策的贯彻落实方面扮演的角色也日益重要；另一方面，大众媒介系统也在越来越大的程度上受到政治系统的制约，在某种意义上，大众媒介系统从属于政治系统。大众媒介为人们提供政治信息，向人们表达政治意见和宣传政党、政府的政策，设置社会舆论引导国民等。

新媒体的传播优势使其在与大众媒介的竞争中显示出旺盛的活力，而且在社会政治的运行过程中表现出不能忽视的渗透力和影响力。

二、新媒体传播创新

新媒体是相对于报刊、广播、电视等传统媒体而言的媒体传播创新过程。

首先，新媒体传播创新可以是基于传统媒体介质的传播要素的创新。楼宇电视、移动电视、数字电视，从媒介形式上依然以电视作为信息传播的媒介。

其次，新媒体传播创新还可以是传播过程和模式的创新。在这种过程和模式的创新中，新媒体传播体现出一些传统媒体传播，或者说大众传播过程中所没有的特性，包括人际传播的特性。

从这个意义上来说，新媒体传播并不一定是媒体介质形式的创新，媒体传播过程和传播要素的创新一样也归属于新媒体传播范畴，它们都是新媒体传播创新过程的一种形式。

三、移动网络社会崛起

一个全面互联，充满创造力的"网络社会"正在触及、改造着社会生活的方方面面，蔚然兴起的数据洪流将迎来更大的浪潮，产业版图的重组、产业的加速融合，冲击、重塑着多个相关产业。

作为"网络社会"重要基石的移动宽带，其强劲发展的势头在未来几年仍将继续。2019年全球移动宽带的用户数会达到80亿，是2013年的4倍，其中WCDMA/HSPA用户数达到48亿，覆盖全球超过90%的人口，LTE的用户数将达到26亿，覆盖全球超过65%的人口。

曼纽尔·卡斯特（Manuell Castells）在他的《信息时代三部曲经济、社会与文化》中提出了"网络社会理论"。曼纽尔·卡斯特在第一卷《网络社会的崛起》中对于网络社会结构体系做了如下结论，"作为一种历史趋势信息时代支配性功能与过程日益以网络组织起来。网络建构了我们社会的新社会形态，而网络化逻辑的扩散实质上改变了生产、经验、权力与文化过程中的操作和结果。虽然社会组织的网络形式已经存在于其他时空中，新信息技术范式却为其渗透扩张遍及整个社会结构提供了物质基础"。① 因此很容易可以看出卡斯特所说的"网络社会"是一种社会结构形态，这种社会结构形态以一种网络化的逻辑塑造曼纽尔·卡斯特理论体系中的"网络社会"实质上是指以新的信息技术作为物质基础的信息化社会中的一种共有的社会结构形态，这样一种结构形态是与工业社会、农业社会等社会结构形态相对应的，而"网络社会"所蕴含的"网络化逻辑"正是信息化社会的关键特色和基本结构。②

新传播技术的出现，具有能传播全球的广泛性，整合所有媒介的包容性以及潜在的互动性的多种特点，互联网以其不同的体现与展现方式，已经是信息时代最普遍的互动式沟通媒介，也因此它正在潜移默化中改变我们的文化。曼纽尔·卡斯特致力于分析新电子传播系统影响下的文化转变，他通过回顾大众媒体与文化及大众行为的交互作用，评估伴随着互联网出现的虚拟社群得出结论认为，一种新的文化——"真实虚拟文化"正在成型。曼纽尔·卡斯特在《网络星河》中如是分析："网络社会"有"真实虚拟"文化的特征，称它"虚拟"是因为它是在电子的基础上建立起来的，这是一种通信的虚拟过程。说它真实而不是想象的是因为我们基础的真实，在这个物质基础之上，我们生活，创建我们的表示系统，进行我们的工作，与其他人连接起来，检索信息，形成我们的观点，采取整治行动以及培养我们的梦想。这个虚拟就是我们的真实。这就是信息时代文化的特征，主要通过虚拟，我们处理意义的创建。"③

2014 年 8 月，曼纽尔·卡斯特等著、傅玉辉等译的《移动通信与社会

---

① 曼纽尔·卡斯特.网络社会的崛起，第 3 版，北京社会科学文献出版社，第 3 页

② 郑中玉等."网络社会"的概念辨析【J】社会学研究，2004，02

③ 曼纽尔·卡斯特、网络星河：对互联网，商业和社会的反思，第 3 版，北京社会科学文献出版社，2007–6，第 219 页

变迁：全球视角下的传播变革》（Mobile Communication and Society：A Global Perspective）著作中，曼纽尔·卡斯特提出，移动网络社会不仅提升了人们的信息沟通能力，扩展了民众的社会交往范围，而且引起人们信息交往方式、经验基础、社会时空及权力结构等诸多方面的深刻变革，新的信息沟通系统正在形成一种新的文化，即虚拟真实的文化，这种文化正在成为移动网络文化的核心。

四、智能化家庭

美国学者梅尔文·德弗勒、桑德拉·鲍尔-洛基奇在《大众传播学诸论》中谈到："一个社会的传播过程的性质实际上与该社会人们日常生活的每个方面都关系重大。"[①] 伴随着无处不在的宽带网络的全球覆盖，"网络社会"在多个传统领域高歌猛进，智能化家庭和车联网领域将率先产业化。

在智能化家庭领域，各种智能电视、机顶盒、次世代游戏机纷纷登场，电视触网、娱乐分享势不可挡。家庭安全与自动化，也呈现出四彩纷呈的发展态势。多个运营商推出了智能家庭方案，如 AT&T 的"DigitalLife"方案涵盖家庭安全监控以及对包括中央空调在内的多个家庭设施进行远程、自动化的管理。谷歌 32 亿美元现金收购的 Nest，加上之前隐隐浮现的 Android@Home，其对智能家居的野心昭然若揭。英国政府推动的智能抄表项目，将全英 5300 万个智能电表与煤气表通过通信网络连接起来。这都昭示着智能家庭指日可待。

车联网。新款汽车如果还不能联网，绝对是"out"了。众多汽车公司纷纷推出计划，如通用汽车与 AT&T 合作从 2014 年起将 LTE 模块预置到大部分北美销售的车型中，沃尔沃与爱立信合作的车联网云，在基本的车辆安全与车内娱乐、导航功能之外还增加智能化的停车位寻找及付费，远程热车等

---

① ［美］梅尔文·德弗勒、桑德拉·鲍尔-洛基奇.大众传播学诸论［M］.北京：新华出版社,1990.

功能。

移动智能终端。移动智能终端的数量和普及率在短时间内获得了爆炸式的增长，在云计算和各类应用的推动之下，智能终端的外延获得了前所未有的拓展。这将对人类的信息消费行为产生深远的影响，开启人类全面互联的智能生活新时代。越来越多涉及个人生活的传统领域，将会被整合在以移动智能终端为核心的信息消费领域。随着移动宽带、云计算以及智能终端自身的不断发展，最终移动智能终端将成为个人融入全面互联的网络社会的基础平台。

移动宽带。移动宽带的不断升级将把整个社会的信息化基础设施提升至新的历史高点。各个产业的信息和数据得以在不同的平台上自由流动。云计算一方面降低了信息开发的软件和硬件壁垒，另一方面又使得数据和内容的分发如同水电煤气一样变得高效和无处不在。丰富智能终端和功能强大的App 联合起来，使得数据分析和内容呈现变得更加简洁和方便，极大地降低了数据和内容的交付壁垒。这一切都成为产业融合发展的催化剂、黏合剂和基础平台。

数据海啸。数据流量在未来的数年里将呈现井喷式增长是产业界的共识。预计到 2019 年，全球移动数据流量（不包含 Wi-Fi，M2M 流量）的增长将超过 10 倍，智能手机的月流量会从 2013 年的 600MB 增长到 2019 年的 2.2GB。智能手机的快速增长以及其使用流量的提升，已经推动全球移动电话产生的数据流量在 2013 年首次超越移动 PC、平板电脑和路由器所产生的流量。[①]

"移动智能终端 + 宽带 + 云"所打造的平台终将沉淀为网络社会的基础设施，与其他的能源和公用事业一样成为整个社会和各个行业赖以运转的基础平台。

---

① 胡洁萍、杨树林、孙丽 . 新媒体的特征及其发展趋势探析 [J] . 北京印刷学院学报，2014,22(05):22 — 24+45.

本章作业

1. 简述新媒体传播的主要特征是什么？

2. 试简述移动网络社会对现代生活的重大影响？

第二章　新媒体传播者

在信息技术迅速发展并深入融合政治、经济、文化等各个领域的趋势下，信息社会的愿景已经伴随着信息全球化、数字化的浪潮成为现实，信息网络的信息访问总量、传播效率、交换关系、传播主客体等要素都在发生变化，移动互联网浪潮下，这些变化尤为显著和影响深远，"越来越多的信息系统和数据库能够通过移动设备实现接入和互动，越来越多的对于流动空间的接入则成为社会组织所具有的决定性特质"。[①] 社交媒体和移动互联网的兴起，使得传统的传播主体发生了巨大变化，大众传播时代的受众从传播客体逐渐转化为新媒体传播时代数字化、社交化、移动化的传播主体。这种趋势一方面对于大众传播网络以传播媒体为中心的格局产生了消解和重构，另一方面，也在新型的传播网络中建构出了以社交关系和移动终端为中心的众多传播单元。

第一节　新媒体传播者及其特点

新媒体时代，拥有话语权的不再仅仅是传统主流的电视台、报社、广播台等传统媒体，越来越多的如微博用户、移动互联网用户等传播者涌现，"去

---

① ［美］曼纽尔·卡斯特尔等，移动通信与社会变迁：全球视角下的社会变革，傅玉辉、何睿译. 清华大学出版社，2014

中心化再中心化"带来传播权利的全民化。

新媒体时代，传播者呈现为以下特点：

一、传播主体多元化

新媒体传播过程中，人人都可以充当信息发布者，人人都可以接收信息，这打破了只有新闻机构才能发布新闻的局限，充分满足了信息消费者的细分需求；与传统媒体的"主导受众型"不同，新媒体受众有更大的选择，可以发布新闻，可以自由阅读，可以放大信息，传播的主体与客体表现为泛化而分散，人人皆可为主体。

传播主体的多元化也带来了传播者主体地位的弱化与泛化，传播者与受众之间的关系变得模糊，且二者之间可以随时发生可逆的转化：受众接收到传播者信息后可以利用新媒体的功能立即对消息进行转发，进而转化为新的传播者；原来的传播者通过类似的形式接收到其他传播者转化而来的信息，进而转化为新的受众。这种模式循环发生，新媒体中的传受关系因而改变，其中角色的转化与融合是新媒体传播发生的关键。

二、传播权利全民化

过去，主要由传统主流媒体进行单向传播，随着新媒体与科技的发展，传播者只需要基本的数码知识和网络工具，就都可以建设自媒体平台，关注自己感兴趣的信息，发布个性化的消息。新媒体成为发布信息的重要渠道，推动了信息来源的开放化和信息的多向传播，产生连锁性传播效果。

三、催生新"意见领袖"群体

新媒体环境催生新意见领袖群体。随着新媒体的发展，新兴的意见领袖群体在网络上崛起，成为具有较大发声权的传播者。新兴意见领袖在新媒体的多向互动传播中，是具有放大信息传播效果的节点，也是传播关系网中较主要、较大的交点，在当今网络民意起巨大作用的情况下，网络意见领袖的传播往往具有较强的舆论引导作用和较大的社会动员力量，有时甚至带来新媒体环境意见观点的偏颇性。由于新型意见领袖与传统、官方的意见领袖有所不同，由新媒体用户自主选出、自主跟随，带有一定草根、民主的色彩，以其作为传播主体的传播往往更能被新媒体受众所接收。新意见领袖群的出现是网络"去中心化—再中心化"的必然结果和该过程的典型体现。

新媒体传播路径改变了持续数百年的舆论引领民意的情况，而真正让民意成为"意见领袖"。"意见领袖"的作用主要不是"传播把关"而是"舆论引导"。在新媒体条件下，"意见领袖"出现了多元化、多层化、多变化的特点，其作用非但没有减弱，反而由于小众传播更易进入并融合于大众传播而传播速度更快、影响范围更广、社会效果更大。

互联网网民会因自身的文化背景、年龄结构、职业构成等因素而选择其感兴趣的网络新闻、虚拟社区等，观点、兴趣基本类似的网民经常选择登录的虚拟社区也基本类似，从而构成了有类似特征的群体。在这样的网民群体之中，有少部分网友由于具备一贯观点新颖、论证充分等特征，在网民群体中享有较高的威信，成为对网络舆论很有影响力的"意见领袖"。[①] 虽然意见领袖仅仅是众多网民中的很小一部分，但他们的观点常常能获得大批网友的支持，因而意见领袖对网络舆论的形成和传播都会产生巨大的影响。[②]

---

① 闫肖锋.版主·拍砖·顶——意见领袖在网络民主中的作用 [J].青年记者，2008 年 6 月
② 周裕琼.网络世界中的意见领袖——以强国论坛"十大网友"为例 [J].当代传播，2006 年 3 月

四、传播者、受众、把关人——身份的转换

从"把关人"的广义概念看，网络中的"把关人"依然存在，并且与大众传播中的"把关人"相比，其形式更加多样化。这里的"把关人"同时又是传播者，兼有传媒和受者的双重视野，它使网络把关人的角色在传播和接收中不断变换。

相比较来说，传统媒体的把关方式是预先设置拦截手段，防止有害消息传播扩散。而自媒体实行的则是先自我监督、自我把关的方式，保证了传播者信息传播行为与受众信息接收行为的相对自由性，在传统媒体时代具有重要的理论和实践价值。在新媒体时代，传统的"把关人"理论应用范围逐渐变窄甚至面临挑战。各路把关人应恰当行使把关权力，方能给网络信息传播营造一个可持续发展的良好环境。[①] 例如，在视频自媒体的内容生产过程中，传播者首先需要观察比较各个传播资源，选择最优资源，这时，传播者是受众。进行二次制作视频时，传播者是该视频的把关人。通过各种渠道发布视频时，传播者真正成为传播者。另一方面，观众在观看视频并反馈信息时是受众，随后考虑转载该视频并付诸行动时，其又变成了把关人和传播者。因此，在这一过程中，受众、把关人和传播者三者之间的关系出现互相转换与位移现象。

---

① 李菁媛 . 速讲视频自媒体中把关人理论的新特征，现代传播，2017 年第 11 期（总第256 期），165 — 166 页

第二节　新媒体传播者的主要类型

一、Internet User 信息技术语境的互联网接入者

信息技术广泛普及，易用性特征越来越明显，互联网接入者的范围越来越大，包括以 PC、智能手机、平板移动终端等为平台，通过浏览器、客户端软件和 App 等方式连接至互联网的使用者。这一概念，伴随着互联网普及、带宽速度提升和接入方式的大众化、多样化而越来越成为一种基础表达。

传统意义上的传播者与受众之间的互动加速了传播主体转变的进程，也促进了传受主体间的双向互动与广泛交流。不再固定的传受关系建立在媒介传播方向的流动性上，而新媒体环境下传播主体的转变是从传播者与受众界限模糊化开始的。以政府、新闻机构为主要信源的传统媒体一方面强调其在新闻传播领域的主体地位，另一方面也通过寻求微博、网络平台的帮助，实现媒介融合背景下的多渠道信息发布。这一过程中，普通市民可以通过登录微博、微信等 App 终端实现新闻的实时收看，反之也能借助网络平台完成新鲜事的第一时间发布，或对新闻发表评论意见。信源范围的扩大化一方面使捕捉新闻、及时反馈重大事件的难度降低，另一方面也模糊了公众与记者之间的界限。

以发生在广西医科大学"学长扮女装替学妹考试，两人均被开除"事件为例。由于一份开除学籍处分的决定在网上备受热议，引来众多网友围观，然后有网友开始对"校方处罚是否过重""学长也是蛮拼的"等话题进行讨论。接着，以人民网、新华网福建频道、南国早报为代表的新闻媒体才参与到事件的报道中来。这一事件在传播过程中，传播者与受众的界限被打破，人们

在阅读新闻的同时通过移动终端发表个人意见，并将事件相关内容与个人评论予以发布，从而突破主流媒体的话语权壁垒，完成了普通民众向新闻传播主体的转变。

二、Media Prosumer：新媒体内容生产者与消费者

新媒体的出现，使信息传播正面临进行着本质上的剧变，普通民众通过互联网、手机与 iPad 等手提式工具、网络 BBS 和博客（Blog）以及微信等即时通信软件等新科技，可以接近、使用与处理信息，他们从原来的内容被动接收者，变为内容生产者与发布者。[①]

新媒体使用者，既是内容生产者，也是内容消费者。

三、非专业化的传播机构

在新媒体时代，有许多非专业媒体组织利用其优势，不断发布各种新闻信息，或在一段时间内扮演新闻传播者角色。这些非专业媒体组织是指通过在网络平台注册账号用于信息传播活动，使用因特网注册自己域名的团体或组织。这些非专门性组织在信息传播活动中有其独特的优势。这些非专业通信机构因为没有新闻采编工作人员和编辑网络，所以他们采取和传统的大众媒体合作的方式，获得了非常丰富的新闻资源。

四、专业信息机构

如经济与技术领域的专业信息机构，在专业范围内运用先进的技术手段进行信息的采集、加工和深入挖掘，为本专业客户提供全方位的信息服务。

---

① 马宁．新媒体传播个体的身份变革与主体性界定——信息社会视角的"网民"刍议，传播与版权，2015 年 1 期，96 — 97 页

五、电信运营商

掌控传输渠道的电信运营商正在成为信息传播的主体，在内容与渠道的博弈中，朝着综合通信与信息服务提供商角色实施战略转型。

六、民营传媒产品生产商

我国存在许多专业的民营传媒产品生产公司，它们大多以内容制作为主，专业化程度较高，生产多种传媒产品，如拍摄新闻节目、杂志期刊出版、卫星有线电视节目制作等，是社会生活中重要的传播主体之一。

七、传统媒体的新媒体传播平台

在传统的传受关系中，由于新闻媒介在新闻供应中的地位、专业化的操作理念和实践以及长期形成的专业声誉，再加上阅听者的自身需求，往往对阅听者具有强大的吸引力。这便是媒体机构所具有的权力，一种能够吸引受众并且使其着迷的影响力。英国学者丹尼斯·麦奎尔将媒体权力的主要方面概括如下：吸引和引导公众的注意力；对观点和信念进行劝服；影响行为；构建和界定"现实概念"；赋予社会地位和合法性；迅速而广泛地告知公众。

（一）积极寻求发展出路

新媒体给传统媒体带来的冲击是巨大的，传统媒体也在想尽办法改善这一现状。传统媒体具有自身的优势。首先，传统媒体具有丰富的信息资源、经验丰富的信息采集加工方面的专业人才、多彩的信息数据库，这些在"内容为王"的新媒体竞争中具有重要价值：其次，传统媒体拥有较为优越的品牌优势，利用品牌价值保留住受众的信任度与满意度，一些著名的新闻机构在受众心中早已树立了良好的传播形象。

一些优秀的传统媒体利用原有的优势，积极寻求适合发展的新出路，更加注重与新媒体的结合，开创更为宽广的媒体发展道路。如《南方周末》、《羊城晚报》、湖南卫视、上海东方卫视等，都在进一步发展。不仅继续拥有着大批受众，而且公信力也很高。

新媒体为媒介融合的快速发展提供了平台。传统纸媒与电视台、广播电台开始建立官方网站与微博，并通过电视节目网络化，实现新闻传播范围的扩大化，新闻传播领域的多元化。与此同时，通过网络平台关注群体自发进行的信息或网页链接转发，也能使新闻以更快的速度传递至更远距离，同时也扩大了新闻媒体的影响力。新媒体丰富了新闻传播形式，扩大了新闻传播的影响力。传统媒体环境下的新闻通过受众阅读、观看的方式得以传播。然而，这种单方面的信息接收很容易因外界因素的干扰而产生失误，从而导致新闻无法被受众及时得知。

（二）传统媒体的束缚之痛

但是，从整体来看，体制，包括监管、人才体制以及用传统媒体思维发展新媒体等因素还是束缚了传统媒体的发展。

首先，新闻传播的单调性很容易令受众群体在长期收看过程中产生厌烦心理，缺乏内容与形式创新，缺乏区分度，丧失宣传优势，进而导致受众群的流失。

其次，传统媒介对传播的内容和时间都有严格规定，诸如购买报纸困难、上班时间与新闻栏目相冲突等现象都可能导致部分观众无法在第一时间完成新闻内容的接收，从而错过重要信息。但在新媒体环境下，这些问题通过传播方式的丰富得到解决，新闻以文字、图片、视频等形式完成了在网络上的二次传播，并通过传播形式的综合运用实现新闻在网络上的反复播报，进而实现其影响力的扩大。

八、自媒体传播者

新媒体的冲击使普通市民和一些机构也开始成为新闻事件的传播者，促进了新闻传播主体的多元化发展。

微信、微博等新媒体平台为他们提供了发布新闻的可能，使得市民的身边事能为更多人所关注。简言之，新媒体较强的交互性使普通市民在接收信息的同时能够完成信息的意见反馈与新信息的发布工作，使发布者与受众角色产生融合，进而使新闻传播变为一种社会化、平民化、普遍化的大众传播活动。与此同时，以群体为主体进行的新闻传播活动，因为与部分专业媒体展开合作，也能够获得较高的关注度，并提供给受众一个更加轻松、活泼的讨论平台。

第三节　政务新媒体

学者周明强定义政务新媒体为：指政府利用新媒体工具开展政务工作的新媒体平台。由于语用主体、媒体工具、传播内容、受众对象等的特殊性，政务新媒体产生了诸如语境构成的复杂性、语用手段的多样性、语用效果的广泛性、语用过程的互动性、语用内容的动态性、受众阅读的自主性等语用特征。[①]

就职于北京市互联网信息办公室的金婷女士如下定义：我们可以把"政务新媒体"定义为政府机构、公共服务机构和具有真实公职身份认证的政府官员进行与其工作相关的政务活动、提供公共事务服务、与民交流和网络问政的新媒体平台。除了政务网站、政务微博、政务微信、政务客户端外，目前提供政务信息以及公共事业缴费等服务工作的高清交互数字电视也应包含在政务新媒体的范围，都是政府实现电子政务的重要技术载体。而随着数字技术的高速发展，一些区别于传统媒体的新兴媒体将不断涌现，彼时政务新

---

① 周明强. 论政务新媒体的语用特征与语用关系, 绍兴文理学院学报, 2016年7月第4期, 46 — 51 页

媒体的外延也必将不断扩大。[①]

一、政务新媒体——"两微一端"

新媒体的出现不仅给人民群众的通信、交往、娱乐、学习和生活带来了便利，也为各级政府部门开展政务、为民服务提供了极大的便利。由于国家对政务运用新媒体高度重视，推动了政务新媒体的快速发展。

2008 年，《中华人民共和国政府信息公开条例》施行，中国的政务信息公开工作开始步入"有法可依"时代。

2011 年我国开始出现"政务微博"。截至当年 10 月底，通过新浪微博认证的各领域政府机构及官员微博已近 2 万家，其中政府机构微博超过 1 万家，个人官员微博近 9000 个。微博成为政府机构进行信息公开和舆论引导的重要工具，为政府与群众提供了一个平等的沟通互动平台，甚至在一定程度上改变了中国官方与社会话语权的力量对比和强政府弱社会的整体格局。[②]

2013 年 10 月，国务院办公厅发布了《关于进一步加强政府信息公开回应社会关切提升政府公信力的意见》，提出要着力建设基于新媒体的政务信息发布和与公众互动交流新渠道。[③]着重强调政务微博、微信的重要地位和关键作用，将"政务微博、微信"作为与"政府新闻发言人制度""政府网站"并列的第三种政务公开途径。

在新媒体时代必须提高政府执政能力，提升政府公信力、社会凝聚力，才能推进国家治理能力的现代化。2014 年，国务院办公厅在《2014 年政府信息公开工作要点》中又明确提出："加强新闻发言人制度和政府网站、政务微

[①] 金婷. 浅析政务新媒体的发展现状、存在问题及对策建议，电子政务，2015 年第 8 期（总第 152 期），21 — 27 页

[②] 金婷. 浅析政务新媒体的发展现状、存在问题及对策建议，电子政务，2015 年第 8 期，21 — 27 页

[③] 新华网. 国务院办公厅发布关于进一步加强政府信息公开回应社会关切提升政府公信力的意见［OL］.http://news.xinhuanet.com/2013 — 10/15/c_117723137.htm

博、微信等信息公开平台建设，充分发挥广播电视、报刊、新闻网站、商业网站等媒体的作用，使主流声音和权威准确的政务信息在网络领域和公共信息传播体系中广泛传播。"①

2014年9月，国家网信办下发的《积极利用即时通信工具开展政务服务的通知》中更是明确提出了近期发展目标：2014年底即时通信工具政务公众号达到6万个，2015年底形成覆盖全面、功能完备的政务新媒体服务体系。②

在国务院和国家网信办的倡导下，各级政府部门纷纷开设微博、进驻微信、开设客户端，出现了"政务微博""政务微信"和"政务客户端"。

截至2014年11月30日，政务微博认证账号（含新浪微博、腾讯微博）达27.7万个，累计覆盖43.9亿人次，发布量达1782.3万余条，转发评论量达2.3亿条；全国17 217个政务微信公众账号，推送内容超过300万次，推送微信文章达到1200余万次，累计阅读量超过15.3亿次。③

至此，以"两微一端"为主体的政务新媒体的格局基本形成。

新华网和腾讯发布的"2015年度全国政务新媒体报告"统计，截至2015年底全国政务微博认证账号28.9万个，累计覆盖43.9亿人次；政务民生公众号已经超过了8.3万个，政务公众号的阅读数突破"10万+"已成为常态。

2016年2月26日，国务院客户端正式上线，这是国务院办公厅中国政府网传播政务信息和为民众提供线上服务的新媒体平台。通过这款客户端，公众可以听到原汁原味的政府声音，"公众在这头，总理在那头"的理想愿景成为现实。

政务新媒体还可辐射到其他服务性信息平台。除了政务网站、政务微博、

---

① 国务院办公厅. 2014年政府信息公开工作要点［OL］. http：//politics.people. com. cn/n/2014/0401/c1001－24796042. html

② ［美］曼纽尔·卡斯特等，《移动通信与社会变迁：全球视角下的社会变革》，傅玉辉、何睿译，清华大学出版社，2014.

③ 李增辉.网民在哪，政务新媒体就在哪［N］，人民日报，2015－2－12(020).

政务微信、政务客户端之外，目前提供政务信息以及公共事业缴费等服务工作的高清交互数字电视也应包含在政务新媒体的范围之内，也成为政府实现电子政务的重要技术载体。目前，作为政府与民众用语言文字为主要载体的沟通平台，能很好地发挥作用的政务新媒体主要还是"两微一端"，它已经成为中国网民新的信息源和舆论发动机。

20 世纪末以来，互联网技术和移动终端通信的有机融合诞生了移动互联网。

2010 年以来，数亿用户的追随更是将中国互联网推进了移动互联网的快速发展时代。正如梅罗维茨所言："每当一种新因素被导入一种旧系统中，我们从中获得的并不是这种旧环境加上该新元素，而是一种焕然一新的环境。当然，我们必须承认，新的程度具体要取决于新因素能在多大程度上改变旧系统。"①

习近平同志在 2016 年 2 月 19 日的"二一九"讲话中指出，随着形势发展，党的新闻舆论工作必须创新理念、内容、体裁、形式、方法、手段、业态、体制、机制，增强针对性和实效性。要适应分众化、差异化传播趋势，加快舆论引导新格局的主动构建。要推动融合发展，主动借助新媒体传播优势。要抓住时机、把握节奏、讲究策略，从时度效着力，体现时度效要求。②

移动互联网时代，这是最好的时代，也是最坏的时代。政务信息传播是一个庞大的系统工程，如何把目前参与政务传播的各方力量凝聚在一起，如何让更多的公众对政务信息有更加充分的了解，如何扭转政务信息传播中的错误观念都离不开政务新媒体传播体系的构建。构建多元开放的新媒体政务传播服务体系，促进政务信息的有效传播，重塑社会认同，培育公民社会，推进我国民主政治的发展已成为当前政府机构在面向公众提供政务信息过程

① ［美］梅罗维茨.消失的地域：电子媒介对社会行为的影响，肖志军译，北京：清华大学出版社，2002 年

② 周裕琼.网络世界中的意见领袖——以强国论坛"十大网友"为例［J］.当代传播，2006 年 3 月

中的紧迫任务，也是解决瓶颈的关键环节。

政务新媒体平台的发展离不开政务新媒体传播体系的建构，而传播体系的建构又离不开政务新媒体平台的有效运行。

面对层出不穷的新应用和越来越多的新平台，政府部门如何评估自身职能与新媒体功能的适配性，打造新媒体时代成功的"互联网＋政务"模式，是当前政务新媒体亟待解决的新课题。移动互联网时代，政府的政务传播方式也应随着民众的触媒习惯改变，除旧布新，政务新媒体的发展是一个国家治理服务能力进步的标志。因此，相关部门应不遗余力，集结各方力量将政务新媒体平台打造成更加全面的信息公开平台、更加权威的政策发布解读和舆论引导平台、更加及时地回应关切和提供便民服务的传播体系。

二、政务新媒体主要特征

（一）政务微博："即时发布＋舆论引导"

政务微博凭借微博广大的用户群体，开放发散的互动方式，呈几何倍数增长的病毒式传播速度成为越来越多网友的选择，操作便利、形式多样、言论自由使"有大事，刷微博"成为不争的事实。事实上，微博在很多公共事件中都发挥了重要作用。

2013 年 4 月 20 日，四川雅安发生 7.0 级地震。当地特殊的地理位置加之随后而来的降雨天气，给地震报道带来了很大的困难。而"＠中国国际救援队"和"＠中国地震台网速报"这两个政务微博在灾情信息快速发布、救援信息及时发布和救灾服务类信息全面传播这三方面表现出色，做到了权威信息的第一时间发布，做到了信息公开与事实发生同步。另一方面，移动互联网的实时性也加速了舆论场的形成、发展、演进。相对于传统互联网，移动互联网留给政府在公共突发事件中或大规模公共舆情事件中的应对时间越来越少，网络谣言的传播速度也越来越快。因此，借助微博的强大传播力，整合移动互联网时代政务新媒体传播体系建构体系——基于

"两微一端"的研究，整合口碑传播、组织传播、大众传播等多种传播模式，在第一时间权威信息得以即时发布，不给网络谣言留有发挥空间，政务议题实现快速传播，政务微博成为政务公开的首要窗口。尤其是重大社会性突发事件发生时，政府机构若能在第一时间真诚公开信息，使信息公开与事实发生同步，第一时间亮出态度，安抚民心，那必将起到较好的舆论减压阀作用。

(二) 政务微信："本地解读 + 本职服务"

在微信世界里，人们更愿意关注和自己生活息息相关的信息。因此，本地化服务应成为政务微信的特色。另一方面，相较于政务微博的字数限制，政务微信的优势在于可以推送长篇文章，专业内容、深度解读成为可能。而相较于政务微博一天之内可以无限次发表内容，政务微信则被限制在一天只能推送一次，传播内容的精心挑选成为必然要求。政务微信可以一次推送一至八篇文章，专题策划成为可能。

以全国政务新媒体的标杆"上海发布"为例，2013 年 7 月 1 日至 2015 年 5 月 13 日阅读量前十的文章都与本地的教育、交通、社保、医疗、就业、天气、住房、劳保、民政和政策解读等民生信息息息相关。相较于微博的广场传播方式，政务微信订阅者的准实名事实和一对一的对话框模式让政府机构更容易搜集用户信息，根据用户发送的信息推送本土化定制内容，实现精准推送。但是，微信的圈子化传播不利于内容自净化，朋友圈谣言满天飞，传播社会负能量。政务微信应根据所属地域传播的不实谣言予以确认或澄清，借助关注指向性和需求性更强的受众圈子来完成谣言的破除。每天一次针对本地信息深度解读，同时利用威权传播破除谣言，弘扬正能量，这将使社会的舆论场更加平稳。

基于微信平台功能的不断完善，许多机构的政务微信开始提供与自身业务相关的初级公共服务。通过百姓问答、天气变化的温馨提醒、临时修路的信息发布、兴建公共设施的问卷调查、网上调查信息推送等多种形式，政务微信公众号亲和务实、解疑释惑、征集民意，让政府真正走到了网民用户中间，这有助于政府树立良好的形象、提高公信力。

如"河北公安交警网"服务号，用户可以通过微信查询交通违法信息、业务办理进度、路况动态资讯，预约出入境和户政业务办理等，使政务微信由内容传播者转变为服务提供者。

（三）政务 App："互动反馈＋聚合服务"的平台

借助微博、微信的强力推送、分享功能，公众已经可以获得日常所需信息，甚至有信息过剩之忧，因此政务 App 无须再钟情于信息传播。基于移动互联网的准实名特性，网络行为与用户真实行为具有强关联，因此政务 App 可开通市民投诉爆料渠道，一方面提高投诉质量，另一方面市民投诉，也有助于让地方政府及时发现问题、解决问题，避免社会突发事件。各领域政务 App 应具备投诉反馈这一版面，让用户针对本领域的现存问题如乱倒垃圾、填河填海、乱排废水废气、违法舞弊等投诉，再依据市民关注热度罗列在版面上，而此页面应与政府各个部门实现互联，倒逼相关部门对此互动反馈，直至问题解决。如中央纪委网站 App 就推出了反四风一键通功能，只要下载安装，就可以通过手机摄录"四风"证据，直传中纪委。

基于微信平台的限制，很多深层公共服务在微信上无法实现，即使能够查询信息也要等待漫长的页面转换，有些服务甚至被转换到 PC 端网页，接入麻烦，用户体验差。而政务 App 可通过第三方软件开发拓展公共服务内容，提供更实用、更多元、更人性、更快速的服务。

如，深圳交警在线 App 提供了市内路况、高速路况的实时播报，交通违法处理、违章随手拍、交通违法预约、违法拖车查询、驾驶证补换办理结果查询等多重服务，做到了真正的为民所用，提升政府人性化服务水平。政务 App 最低应以市级政府为单位，将各个部门资源整合，联合打通，实现数据集中采集，一个应用提供多种服务，避免重复建设造成资源浪费。有了政务信息集散的数据中心，政府也可以在此基础上建立自身的政务信息智库。①

案例一：总理请代表"扫码"说变化

用户习惯刷朋友圈，政务新媒体可通过微信朋友圈进行话题引导，音视频文字全部集纳于这样的传播建构，通过一个个社交圈层实现裂变式传播，这种传播更接地气，这一点在2017年全国两会期间广受关注。

2017年全国"两会"，二维码首次登上政府工作报告，这是中国的政府工作报告上第一次出现非文字类信息，扫描后即可看到一个跳动的H5（指页面内可以包含图片、链接，甚至音乐、程序等非文字元素）页面。它通过一段2分50秒的动画短视频和一张图表，对政府工作报告中2016年主要指标任务完成情况加以解读。比如：在解释2016年氮氧化物排放量下降等污染治理的进展时，动画中的天空颜色逐渐由灰变蓝。

为了说明广义货币的增幅，动画里出现了一张存折；用于表现居民消费价格指数的则是菜篮子和超市购物车。这个一角硬币大小的二维码一出现就引起不少与会者的注意。全国政协委员、中国科学院院士饶子和评价说："二维码里的信息轻快、直观，是政府工作报告的有益补充，可视为政务公开的新尝试。"

案例二：河北发布

"河北发布"是河北省人民政府新闻办公室官方微信，是河北省较早推出的官方政务微信平台之一。从其公共服务模式来看，"河北发布"的界面由三部分构成，分别是"发布厅""全国两会""十九大"。这三个模块的设置非常合理，"发布厅"体现了信息的权威性和可信度，主要是用来发布官方的权威信息。其中"发布厅"包括"新浪账号"、"头条账号"、微博矩阵、微信矩

---

① 赵玲瑜. 移动互联网时代政务新媒体传播体系建构体系——基于"两微一端"的研究 35 — 38 页。

阵四种链接方式。"服务大厅"体现了政务微信为民众服务的功能，可以简化办事流程，提高办事效率，包括网上办事、政务公开、公众互助、违章查询、天气查询、政务排行榜，河北省互联网违法不良信息举报平台、全省大气环境突出问题举报平台。体现出极强的服务性与功能性。

另外，"河北发布"还具有自动回复和人工回复两种互动功能。自"河北发布"微信平台成立以来，每天定期进行内容推送，推送形式以文字加图片为主。

在该平台的介绍中将其定义为"权威发布的中心，民意沟通的中心"，体现了"河北发布"作为河北省人民政府新闻办公室官方微信的权威性。所发布内容主要转发党报党刊，或官方门户网站，因此从受众角度来说，内容可信度高，权威性强。从新闻价值角度来说，这类信息具有重要性、显著性特征，属于典型的"硬新闻"，能够及时向受众传达出河北省在"京津冀一体化"背景下经济社会发展的大方向，具有非常明显的"顶层设计"的色彩。

案例三：石家庄发布

石家庄市政府新闻办公室主办的"石家庄发布"，通过微博、微信和头条号 App 三轮驱动，成为石家庄最有影响力的政务新媒体。其中，微博、微信关注订阅人数分别达到了 177 万、5.7 万，头条号信息阅读量基本在 5 万以上，第一时间发布政府声音和民生关注的各类信息，在政务信息宣传工作上发挥了巨大作用。[①]

通过各级党委和政府部门可以充分利用政务微信精准触达的能力，发布调查问卷，开展有针对性的调研。石家庄物价局在价格听证中，运用"石家庄微物价"政务微信对价格听证方案征求意见建议，通过发布调查问卷和微信朋友圈的扩散，不仅保证了调查对象的广泛性和客观性，而且节约了大量

---

① 李菁媛. 速讲视频自媒体中把关人理论的新特征，现代传播，2017 年第 11 期（总第 256 期），165 – 166 页

的行政成本、提高了行政效率。

　　石家庄市地税局、石家庄市社保局建设的"互联网＋社保缴费"平台，可实现网上、手机、微信、自助终端四种缴费方式激纳养老保险，为全市25万灵活就业人员提供了缴费便利。很多地区的社区居委会通过政务微信开通了"预约服务""上门服务"等功能，打破了传统的社区服务模式，真正让社区居民得到便捷、贴心的服务。

　　在政务新媒体系统中，政务微博通过即时发布事实，倾听民意接收舆论监督来实现公共信息公开，信息上通下达；政务微信着力于通过深度解读引导群众回归理性，提供初级服务唤醒群众信任；政务 App 则用有力的投诉反馈释放舆论压力，以便捷快速人性的服务重塑官民信任，打通两个舆论场。若以此定位将《两微一端》的优势禀赋科学整合，使之相互协作、互为补充，集群力、共发声，必将在政务新媒体传播体系中以政府的名义担当大任。当政务新媒体这个系统良好发挥作用时，政府、公众、媒体也会加入这个无限良性循环的传播体系中。[①]

　　针对不同部门、不同行业领域，加强对政务新媒体建设的指导，使各地区、各部门能够结合自身特点开发具有特色的政务新媒体平台，确保不同政务新媒体既能够精准定位，又能够形成整体合力。[②]当前，受益于移动互联网科技突飞猛进的发展，政务新媒体平台呈现出多样性和多元化组合的发展格局。除了政府网站、政务微博、政务微信和政务 App 客户端等新媒体，一些政务机构也正在"试水"应用其他类型的新媒体公众平台。例如，易信公众平台上的"政务易信"、来往公众平台上的"政务来往"、飞信公众平台上的"政务飞信"等。目前，因为平台用户量较少的，这些政务新媒体尚未形成主流。

　　在近期涌现的可与既有新媒体政务平台实现功能互补，并且符合未来移

———————

①　赵玲瑜. 移动互联网时代政务 O2O 传播体系建构，青年记者，2015 年第 12 期。

②　金婷. 浅析政务新媒体的发展现状、存在问题及对策建议，电子政务，2015 年第 8 期（总第 152 期），21－27 页

动互联网发展趋势的一些政务新媒体中，社交短视频应用正呈现上升趋势。例如，新浪秒拍平台上的"政务秒拍"、腾讯微视平台上的"政务微视"，以及"喜马拉雅"等自媒体网络有声电台上的政务电台等。

本章作业

1. 新媒体传播者主要是指哪些人群、组织？

2. 政务新媒体的主要特征是什么？

3. 简述政务新媒体未来的发展趋势。

第三章　新媒体传播内容

随着新媒体技术的不断发展，基于数字技术构建下的传播媒体形态对于传播内容产生了影响。新媒体在传播内容上，改变了以往传统媒体传递信息的单一性，它将报纸、电视、广播的传播手段与传播方式融于一体，其形式的展现与内容的多样化是前所未有的。在"内容自生—弱把关"维度下的新媒体传播模式，传播内容的范围与外延空前扩大。加之新媒体技术—内容自生的低门槛，PC终端与移动终端让传播成为轻而易举的事情。总体而言，在新媒体视野下，传播内容呈现出广泛性、互动性、不可控性等特征。

第一节　新媒体传播内容的主要特点

一、传播内容的广泛性、多元化

C.香农和W.韦弗在1949年《传播的数学理论》中揭示"传播的基本模式是由发送者经由一个特定的管道发出，当然一个信息的发出会伴随产生'噪声'的冗余信息，而后信息被转换成符号存储，接收者通过下行管道接收信息，并再次转换完成整个的传播过程"。在过去长达百年时间中，大众媒体通过特定的手段或技术，有选择性地把现实世界"再塑造"之后，通过特定渠道传播给普通受众。这是一种典型的单向传播模式。这种单向信息传播所带来的传受双方沟通不对等，使得普通大众在接受信息过程中，无法公开表达自身意见，只能被动承受，接收大众媒体所带来的影响力。而在新媒体时代，大众媒体中信息的发送者、传播者和接收者的定义不再清晰。

在新媒体时代，人人都是"内容生产商"。理论上而言，每个人、每个机构，只要打开自己的 PC、手机、在信号能够覆盖的地方，就可随时随地创造内容，然后通过网络传播到全世界。在新媒体的视野下，大众既是信息的接收者，也是传播者、发布者。

在新媒体时代，越来越多的普通大众，积极参与到社会新闻事件的讨论与发布中，甚至不少网民通过网络搜索行为发表意见，集结成群，组合成一个新的社群，从而引起更多的关注。与以往的大众媒体相比，新媒体传播在内容形式上更加多元化，将文字、图像、视频、音频、动画等多种传播方式融合在一起，通过 PC 终端或者是移动终端传播出去。

二、传播内容的"长尾效应"更加明显

长尾效应（The Long Tail）这一概念是由《连线》杂志主编 Chris Anderson 在 2004 年 10 月的"长尾"一文中最早提出。长尾效应基本原理是只要渠道足够大，非主流的、需求量小的商品销量也能够与主流的、需求量大的商品销售相匹敌。在新媒体时代，尤其是"超文本技术的使用，使得网络信息的传播跳出了单一的线性传播模式。由于信息在网络空间的相互链接，通过简单的点击，用户就可以方便地从一条信息跳到另一条信息，从而使得网络传播更加符合人脑的思维特点"。

新媒体借助全新的非线性传播方式、点对节的传播方式为大众的参与感提供了工具保障。所谓的网络热门事件，不少是由普通网友在微博、微信等新媒体平台发布信息，在新媒体裂变式传播的基础之上，传统媒体随后介入，形成二次传播，最终影响更多的人参与其中。

普通大众通过访问门户网站、搜索引擎、论坛、博客、微博、微信，关

注自己所需要的内容或者信息，在互联网海量的信息世界中，对信息进行各种分类，只要点击相关标签，就能轻而易举地寻找到一大批与他一样对该信息感兴趣的人群，然后基于兴趣组织在一起，从而发出统一或者是相似的意见。当这种"意见"足够多、足够好的时候，通过长尾效应，形成二次传播、三次传播的可能性，从而影响更多的人群加入进来。

三、传播内容的互动性更加频繁

中国传媒大学娱乐经济博士后张小争认为："互联网最核心的特性是传受一体化互动，不是特定的内容；互联网业务关键成功要素包括但不限于自我性上传、个性化选择、主体性互动、大众化集群、病毒性传播、爆炸性流行等。"互动性是新媒体的显著特征。所谓互动性是指传播者与受众之间的双向互动传播。在新媒体时代，自说自话的单向传播不再是常态。越来越多的信息传播者，对于信息内容的选取，更加倾向于互动性。互动性传播成为新媒体传播的常态，成为新媒体传播的核心关键词。新时期的年轻一代网民，在行为上正在发生转变，即非单纯地对媒介进行消费，例如在观看在线视频时，年轻一代的网民可以对所观看的视频资料素材发表自己的评论，分享给好友观看，或者对视频资料进行排名和评分，同时也可以和世界上的其他观众进行在线讨论，分享自己的看法。正如在丹·希尔在《为什么<迷失>会成为一种新媒介》中要表达的观点一样，观众不仅仅是观众，而是通过互动共同重新汇编了电视剧的内容，可以叫作《迷失百科全书》。基于相同兴趣、标签的网民，他们更容易集结成互联网的某种社群，对内容传播保持着更多互动。也可以这样说，他们即内容的传播者，优势内容的接收者，并且不断将接收到的内容继续传播到下一个节点。

更有品牌将用户视为同样能创造价值的生产者，促使他们去参与设计、创意及分销流程，例如用户生成广告 UGA（Users Generated Ad）等等。用户有掌握和控制信息的需求和能力，表达和传播的自由，在企业的传播活动中能表现出无限的创造力。因此，传播的内容也将更加广泛和多元。

四、媒介内容更加趋向整合

在数字融合 (Digital Convergence) 时代，媒介传播的内容经由数字技术的融合，纷纷变身"比特流"，各种媒介形态的内容有了统一的数字编码基础。这促使科技因素越来越成为内容生产所依赖的手段，内容生产开始大量融入科技基因。强大信息解码与编码媒介技术投入到媒介内容生产中，技术已经改变了内容生产的流程和创意的模式，成为内容聚合生产工具。比如半岛电视台通过 Storify 软件自动地拉取、筛选消息，并梳理出适当的故事线，通过它做出精彩的电视新闻节目。

科技因素加速了信息的流通以及媒介组织内容共享和提供能力，为信息、内容和知识共享提供了各种"吧"环境，当人与知识的关系愈加交织与渗透时，新知识的涌现则逐渐成为常态，从而催化内容爆发式增长，呈现内容生产上的规模经济。同时，数字化技术推动了媒介内容生产和服务的标准化，突破了传统媒体因物理分割而导致的内容差异的鸿沟，促使媒介间内容的融合，甚至形成统一标准的内容产品。

五、非线性内容优势明显

相较于传统媒体，新媒体不仅集良好的多媒体性、互动性于一体，其传播内容本身的非线性也体现出了明显的传播优势。不像广播、电视等节目的实时线性传播，音频、视频等内容一次性播放，受众在接收信息的过程中无法更改，一旦错过便不可返回，即使有重播节目作为弥补，受众在接收过程中同样受到线性内容的限制而不可随意返回听、反复听。

新媒体中的非线性内容为受众的自主选择提供了便利的条件，信息接收的时间、空间方便随意，相对而言无版面、时长限制，受众可以在不同平台和页面之间进行跳转，根据其所需控制播放进度条，对信息进行回放、暂停、跳转，并可方便地登录新媒体平台获取资料，用以复习、保存、编辑等，各新媒体平台也设置了对信息进行个性化编辑、收藏、共享等功能，体现了非线性内容宝贵的优势。[1]

六、娱乐化、碎片化信息爆炸

新媒体时代，网络应用大致经历了由 BBS 到博客、QQ 空间到人人再到微博、微信的转变。受到社交网络演变的影响，人们在网络上发布的内容长度日益降低，信息呈现碎片化的特点，进而产生信息缺乏深度、逻辑性等问题，影响着新媒体时代受众的阅读习惯。现代生活的压力和媒介内容的浅层化加剧了受众对贴近生活、轻松愉快的娱乐化内容的需求，新媒体中娱乐化内容愈加受到受众欢迎，但同时也引发了"过度娱乐"的问题。再加上传播主体的多元化、传播权利的全民化，新媒体平台中各种各样的信息趋于海量化，呈现出碎片化信息爆炸的状态。人们每天暴露在众多的信息之中，真正吸收的信息却很少，信息鱼龙混杂，再加上把关人地位的弱化，信息缺乏有效监管，受众被暴露于许多低级趣味、骚扰、垃圾、诈骗信息之中。

新媒体网络传播是"碎片化"的传播，其"碎片化"主要体现在：

1. 传播环境时空的碎片化，指的是传播的时间和空间被撕裂成了碎片，随时随地都可以进行传播活动；

2. 传播内容的碎片化，超文本链接使得网络传播的内容不再完整，而是趋向碎片化、非线性化；

3. 注意力的碎片化，面对海量信息，受者注意力多数是片刻的、即时的、转瞬即逝的；

4. 传播主体的碎片化，人人都有发言机会，人人都能成为传播主体。

---

[1] 新华网. 国务院办公厅发布关于进一步加强政府信息公开回应社会关切提升政府公信力的意见［OL］. http://news.xinhuanet.com/2013 — 10/15/c_117723137.htm

新媒体下的人际传播由于需要借助网络，如手机短信、微博、网络聊天工具、微博等，也会体现"碎片化"特征。

传播时空的碎片化使人们充分利用有限的时间和空间，去与他人进行交流，获取信息；传播内容的碎片化让人们在信息的海洋中更有针对性地找到自己想要获得的信息，提高获得信息的效率；注意力的碎片化能更快去适应信息的更新速度，为不断获取新信息提供保障；传播主体的碎片化使得在人际交往中表达自己观点的机会大大增加，通过与网友的交流取长补短。新媒体环境下传播充分利用"碎片化"，不仅有利于人际传播的完成，而且能使人们不断得到提高和完善。

信息碎片化，新媒体碎片化特征表现在内容上就是信息碎片化，新媒体传播的信息不像传统媒体具有篇幅完整的特点，是通过零零碎碎的信息渗透入人们的生活之中，新媒体的信息传播者除了专业的记者以外，每一名受众也是信息的传播者，在信息播时，往往会选择自己认为关键的信息或是正确的观点进行转播。

相对于传统媒体而言，新媒体是比较独立的。在自主对等的原则下，传播活动中的任何参与者，不论是传播者、消费者还是中间环节，都有平等的、相互的控制的权利。因此，新媒体中的传播内容呈现出一定的自主性：只要是信息，即使无人关注，只要传播者认为有价值就可以将其传播，传播内容则完全由传播者自行选择和决定，必要时由传播者创造，无须像在传统媒介中那样经过把关人严格的层层筛选。传播的自主化催生了传播内容的个性化，突发的、异常的消息越来越受到人们的关注，推动了新媒体环境下用户的个性化定制与交流，信息贴近生活、草根化的色彩更加凸显，一定程度上增强了受众对信息的认可心理。①

---

① 2014 年全国政务新媒体运营分析及发展趋势［R/OL］.(2014–12–10)［2015–07–19］. http：//news.xinhuanet.com/live/2014–012/14/c_127302457.htm.

七、一定程度沿袭传统媒体内容特征

新媒体正处于高速发展时期，其中的内容也正处于转型时期，虽然已经逐渐实现新媒体内容的多媒体化、碎片化等特性，新媒体中的传播内容仍或多或少地带有传统媒体的色彩，不少新媒体中的传播者直接复制传统媒体中的长篇文章等内容，不够新鲜及时，媒介语态尚未转型，与新媒体的媒介特性不符，削弱了新媒体传播的效果。

第二节　新媒体传播内容的不可控性

不可否认的是，新媒体技术也给内容的传播带来诸多弊端。

一、传统把关人缺位，谁在"把关"？

在传统媒体时代，内容传播具有可控性。其中不得不提库尔特·卢因在《群体生活的渠道》中提到的把关人理论。作为美国传播学奠基人之一的库尔特·卢因在群体传播研究方面具有不可小觑的作用。他认为只有符合群体规范或者"把关人"价值标准的信息才能够在特定"门区"的渠道进行信息传播。这一理论在 20 世纪 50 年代被怀特引入新闻传播领域，从而奠定了传统媒体时代传播内容具有可控性的基础，包括后来麦奎尔、巴斯、吉伯等著名的学者也深入研究过这一传播学领域的重要理论。

一直以来，在意识形态、文化壁垒等因素的制约下，传统媒体也有着"把关人"一样的严格审查制度。比如说对新闻题材和报道视角的审查，然后他们将其筛选、加工的内容通过报纸、杂志、电视、广告等媒介传播给公众。公众只能通过传统媒体获得信息，而对信息的内容却没有选择权与发言权。而在新媒体时代，传播内容是不可控的。传统把关人在新媒体时代的缺席，致使网络流言横行。什么是流言？流言就是一种来源不明的，通常都是无法进行再确认的消息或者言论，社会环境存在高度不确定性，在正规的传播渠道不畅通期间经常发生。当一种观点被置于一个开放性网络平台的时候，势必会存在支持者和反对者，缺少了"把关人"把关，双方各执一词，都认为自己所持观点是正确的，从而导致传播内容不可控制的状态。这也恰恰印证了卡斯·桑斯坦的观点，他认为人们在处理信息的过程中难免会存在偏颇吸收的现象。所以一旦流言形成，要想完全消除，也并非易事。新媒体时代，人人都是内容生产商，互动频频，信息传播快，普通大众对于信息的真假辨识度不高，容易受到情绪煽动，不明真相之下，极易产生抵触情绪，言行难免激烈，甚至导致网络暴力事件发生。

二、内容形成的信息源不确定性加大

借助科技和社会性媒介的敞开式发展，信息通过"比特流"传递，实现了"知识链"的扩散与爆发。新媒体中大面积内容的"波式多次传播"，实现了内容知识的多次利用与不断攀升的注意力回报。在具有开放编辑权力的社会性媒介中，由于知识的更新与传播需要，使得内容永远是以一个"半成品"的状态存在，不断添加的、变动的持续过程使内容表现为动态、散乱与遗漏，这种持续的编辑也加剧了知识的不确定特征。随着媒介化时代的到来，不确定性已成为知识经济时代信息内容传播的典型特点。科学知识的不确定性从根本上决定了知识的价值的不确定性，决定了以知识的生产、分配、交换和消费为基础的知识经济或知识时代或知识社会具有不确定性。新媒体语境下，社会性媒介知识的不确定主要表现在用户对由传统知识所建构的价值、利益、权力的质疑与反思，对传统的社会规则的挑战。近年来，一系列新媒体事件中不确定性知识的传播已在某种程度上开始解构传统权威，并塑造了基于新媒体情况下的认知新秩序。这种具有解构意向与颠覆快感的知识传播，无疑激发了更多的用户投入到知识的建构中，由此导致的知识零散化与碎片化也将产生重要影响。

三、媒介内容失衡催生信任赤字

未来传媒业竞争的制高点在于信息源的竞争。这些信息源来自一切生产活动中所产生的成果和各种原始记录，也存在于将这些成果和原始记录加工整理后得到的半成品。内容上游信息源的安全性决定了内容后续加工的有效性。

从信源采集来看，新媒体信息源的采集具有广域范围，而新媒体对信源的把控却并不理想。新媒体弱把关机制使虚假性、情绪性的内容超载。在技术条件的催生下，新媒体对内容的整合与加工远远超过原创内容，拼凑与嫁接的媒介内容板块，并不能有效地形成知识的系统性与逻辑性。用户自内容则更难维持内容的理性与公共性，比如在群体性事件中，微博的弱连带暗合了突发群体性事件中的民众心理和信息传播所需环境，成为弥散信息、感染情绪、激化和升级矛盾的推动器。新媒体中的社会性媒介内容生产已经呈现出失衡趋势。媒介作为社会交流系统，在社会功能承担方面有着不可替代的作用，内容失衡导致媒介信息、媒介知识风险，又引发媒介公信力下降与信任赤字，这对社会运行产生许多负面影响。

四、知识产权置空阻碍内容生产创新力

传媒的生存能力取决于内容的创新与消费。然而从当前的内容生产模式上看，其本质是以内容生产为辅、大规模内容加工为主的运作模式，即一次生产、多次利用，甚至可以"无须对原始内容进行再加工和处理"。在这个过程中，新媒介扮演"剪刀 + 糨糊"的内容分发角色，缺乏内容产业链条上各环节的整体创新生产。版权私有性与知识共享性之间的冲突则越来越成为内容生产矛盾升级的焦点，新媒体内容知识侵权的现象愈加烦琐与隐蔽，这对

正常的知识产权保护秩序是一个较大的冲击。

在媒介内容生产领域内，版权法实施秩序首当其冲，大量内容产品开始出现严重的盗版、翻版等现象，《哈利·波特》作品发行过程中出现的问题是例证。社会性媒介中的用户自内容也容易发生知识侵权，尤其体现在视频、博文等常见的内容分享中。由于用户上传侵权视频一般不以营利为目的，而是为了网络共享、吸引他人的注意力或点击率、提高自己的网络地位和声望、戏谑和嘲讽他人作品等，所以其侵权责任难以认定，经济赔偿也难以兑现。姑且不论当下知识产权保护制度与新媒体的相适应度，新媒体对内容无规则地传播与利用，已经严重影响知识原创的持续性发展，这对依靠创新为源动力的社会进步来说将产生毁灭性的影响。

五、内容价值链断裂抑制价值增值质量

内容产业链存在着体现上下游关系的结构属性和上下游产品和服务交换的价值属性。以内容产品为基点，可以构建有效的媒介组织价值链，并实现内容产品的价值增值过程。内容价值本质上是信息资源所具有的信息属性的体现，是信息资源产品价值中最为核心的价值，是信息资源能够成为商品的基础。但内容价值实现的程度大小则依赖于具体的利用方式。现行的媒介内容生产中，对内容价值的利用大多仅仅局限于内容最原始的信息价值，即作为信息的一般传播功能，这不仅导致内容传播的重复、同质化，也影响传播效果并切断了用户潜在的持续关注，从而断裂内容价值链的延续。

在各种媒介内容产业链上，处于低端和高端位置上的虽然都是内容产品，但内容的质量和数量却会因为链条结构上的反馈机制性能的差异，体现出巨大的差异性。因此，使内容产品在内容价值链的每一个环节节点上加入原创性内容，实现每一个链环内容的层级性提升，也是当前媒介内容价值链升级的关键所在。同时，加强对内容产业链上各个环节内容的深度挖掘以及再创造，以内容产品为价值链基点带动整个产业价值链的活络，给受众带来连续、一体化的用户体验，将是新媒体内容生产不得不逾越的关卡。

六、信息过滤难引发信息传递风险

数字化新媒体时代，新闻和事实几乎同步发生，信息即时传播缩短了信息更新的周期。但信息监管缺失，信息控制权被进一步分散到了网民个人手里，行政管理者试图依靠切断信息的流向来达到阻止传播更加困难。这些问题都可能导致传统的监管模式在信息监管的时效性上大打折扣。发布信息的即时性和信息源选择的个性化大大增加了信息过滤的难度，从而使那些即兴的、非理性化的、情绪化的言论得到传播的机会大大增多。新媒体表面看似免费的自内容平台，实则在与社会互动过程中隐藏着较大现实考量，尤其在言论表达制度还不完善的情况下，如果不能理性地平衡权利与义务，将产生诸多言论失范的现象。日常琐碎的信息，因为接近零成本则大量充斥于网络并导致信息的泛滥。这种现实矛盾助推了媒介信息风险的建构，在不断增长的无用信息汪洋中，用户逐渐沉浸在各种琐碎、日常信息构成的包围圈中。

尽管新媒体时代传播内容具有广泛性、互动性等传播优势，普通大众可随时随地尽情表达意见，但也应了解，我们正处于一种信息泛滥成灾的时代，信息传播速度越来越快的同时，虚假信息横生、流言俯首皆是。内容自生—弱把关的新媒体传播模式满足了个体自我表达的欲望，技术赋权的自由表达与传统媒体有着本质的区别。

2014 年 8 月 21 日，最高人民法院、最高人民检察院联合发布《关于审理利用信息网络侵害人身权益民事纠纷案件适用法律若干问题的规定》，该规定共 19 条，从实体与程序两方面对网络侵权案件进行了相应法律规定。大众传播时代，普通公众无法随时随地传递声音、发表意见、表达话语权。新媒体时代，得益于技术的进步，包括网站、论坛、微博、博客、微信等互联网平台工具的发展，让普通公众得到了充分表达自己意见的机会。但这种表达，不是自由的、毫无束缚的，传播内容同样应该受到现行法律与社会道德的约束。

本章作业

1. 试论述新媒体传播内容有什么特点?

2. 导致新媒体传播内容出现不可控性的主要因素有哪些?

第四章 新媒体传播渠道与过程

新媒体不仅创造了全新的传播渠道、传播方式，而且打破了以往由权力支配的话语垄断格局。

第一节 新媒体传播渠道对传统垄断的打破

随着移动互联网的发展与成熟以及用户利用互联网的意识和水平提高，传统媒体曾经的渠道垄断、内容生产、行业地位都被新媒体颠覆，直接导致颠覆性 3.0 影响的发生。

一、"操纵技巧被精妙运用"的媒体垄断

本·H·贝戈蒂克安在《媒体垄断》一书中提到："当操纵被作为控制的主要手段时，操纵技巧的精妙运用，便比其他知识活动更重要。"当较为明显的媒体垄断方式越来越遭到大众诟病的同时，一些更为隐蔽但行之有效的垄断方式随之涌现，话语权垄断便是这方面的成功者，其主要表现就是通过意见领袖、议程设置、广告等方式使其背后的利益集团达到对受众施行软控制的目的。

话语权垄断便是利用了媒体能够进行"意义的生产"功能，后者从不同角度传达出来的信息可以产生不同的社会效果，对公众进行舆论发布的同时

可以进行舆论"误导"，使受众在不知不觉中进入媒体设置的意境中去，并按照媒体的意志行事。大众媒体通常所用的意见领袖和议程设置两种方式，就可以产生这样的社会效果。还有一种是通过广告来达到对话语权的控制，这个主要是金钱的力量，由广告成本决定媒体"为谁说话"。史迈兹的"受众商品论"就是批判"媒体—受众—广告商"这样一种三角关系。

二、新媒体对传统媒体垄断的消解

新媒体传播过程中，受众不再仅仅被动地、单向地接收媒介所"喂食"来的新闻，而可以成为主动的传播者。传播者与受众的概念开始模糊，传统意义上的受众能够自主筛选信息并传达信息。以往作为信源的传播者和作为信宿的受众被一个个"传播个体"所取代，这种"受众主体"具有搜寻者、咨询者、浏览者、反馈者、对话者、交谈者等诸多角色。信息的互动交流将整个传播过程交织成一个网络，从宏观来看，真正是"所有人对所有人的传播"；从微观看，是可以被定义为"OTO"的一对一模式。如下插图可以明显地看出这种变化：

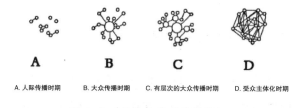

A. 人际传播时期　　B. 大众传播时期　　C. 有层次的大众传播时期　　D. 受众主体化时期

图 4-1 （社会传播变革图示）

新媒体对传统传媒形成了一种巨大的消解力量，新媒体不仅创造了全新的传播渠道、传播方式，而且打破了以往由权力支配的话语垄断格局。以往只有政府、专家、记者、编辑才能掌握的话语权力被分解，现实中的每个人都可以成为信息的发布者、评论者、传播者，每个人每时每刻都可以发布新信息、评论新观点、传播新思想。新媒体改变了传统的传播状态，由一点对多点变成了多点对多点。新媒体以其全新的技术创设了更经济、更快捷的传播手段，即时性、快捷性、海量性、多点对多点的传播成为新媒体的特征。新媒体改变了传统媒体自上而下的话语灌输模式，创造了多元空间、多元选择、多元文化、多元主体的新格局。

第二节　新媒体传播渠道特点

随着新技术和新思维的层出不穷，新的传播渠道也日新月异、络绎不绝，主要包括但不限于：门户、搜索引擎、微博、SNS、博客、播客、BBS、RSS、WIKI、移动设备、微信、App 等。

一、跨媒介融合，传播复合多元性

新媒体时代，多种新媒体工具蓬勃发展，各自发挥媒介的特性，从不同角度、以不同形式全面而各具特色地传播信息。不同媒介不再像从前那样分工明显，跨媒介融合的传播趋势越来越显著，新媒体传播渠道与接收终端向多元化、复合化延伸发展。

新媒体传输设备同样体现出复合多元的特征。手机、平板电脑等移动设备推进新媒体传播时空无限性的同时，与传统的电视、广播等媒介上的影音内容，报纸、杂志上的文字内容相融合，形成信息的汇通；电脑等新媒体设备与传统媒体特色相结合，催生了网络电台、网络电视台等多类传播渠道，实现互惠发展、信息联动、优势互补、资源共享，革新了内容的生产和消费方式，推动着新媒体时代信息的海量化、多样化，大众生活的便捷化。

二、智能化、数字化趋势明显

新媒体信息依靠多种智能化软件、应用元素的组合作为渠道进行传播。在新媒体平台中，受众可以主动发出指令，新媒体信息做出智能化的调整。

随着计算机与编程技术的发展，新媒体传播渠道的智能化程度会越来越高。

此外，新媒体的特性决定了新媒体的信息通过简洁的数字化渠道进行传播，信息脱离了传统媒介的平台，以数据为主要形式，依靠新技术催生的网络设备进行传播。这为信息的存在、编辑、复制和传播提供了便利：信息含量增大，信息的保存更加简单、精确，能够有效地拓展新媒体信息传播的范围，突破时空局限，受众可以方便地筛选和重组信息。

三、过程的去中心化

P2P 技术追求的是网络中各节点的平等地位，因此，在 P2P 技术结构中，中的意义被大大弱化甚至完全消解，去中心化的特点得到更为充分的体现，网络传播结构的扁平化特点也会进一步凸显。因此，"去中心化"在网络传播中心已经成为现实。

新媒体形成了具有自由开放性与往来互动性的、巨大的公共舆论空间。广大受众通过网络、手机等新媒体表达形成一致性、多人共同意见的时空环境，受众通过即时沟通与交互传播形成强大的舆论，并产生强烈的社会影响，形成公共舆论空间，推动社会公共议程的发展。在报纸与受众的互动中，报纸的反映往往具有滞后性和筛选性，电视、广播与受众的互动虽然滞后性不是主要问题，但依然具有一定的筛选性，因此与传统媒体相比网络互动中无费用、及时、无筛选的优点非常明显。开放的网络媒体可以将不同地区、不同行业、不同年龄的网民整合到一起，并且能够实现网民之间、网络媒体和传统媒体间的信息交互。这种开放型的信息互动，使得网络舆论能够以多层次、多角度的面貌快速而深入地呈现相关议题。而网络舆论一旦发动，就会在网上以超乎想象的高速度传播。

四、葡萄藤现象的蔓延

在非正规的组织传播中，有一种"葡萄藤 (Grape Vine)"现象，即小道消息传播。"葡萄藤"传播具有速度快、精度高、信息量大、反馈广等特点，这种传播常采用小群体交叉传播的形式，由于多向性和交叉性，它的传播速度和覆盖面以几何级数增长，消息很容易"不胫而走"。小道消息的负熵值较高，人们出于多种心态，留心于保存原样，使得它准确度和信息量都很高。戈德哈伯曾指出，"葡萄藤"传播的信息，准确度高达百分之八十以上。

新媒体传播中，各种意见小团体的出现，从一定程度上符合这种"葡萄藤"传播现象，比如即时聊天工具中的 QQ 群、MSN 群，各网络社区的好友圈、点评性质的网站、微信朋友圈等。

五、传播方式立体化、个性化

传统媒体往往利用文字和图片等平面媒介传递内容信息，在传播方式上形成了"中心—边缘"二元对立的格局。而新媒体的数字化、多媒体化、宽带化改变了这种传统模式，在传播方式上沿着立体化、个性化的方向迈进。

第一，传播方式渐趋立体化。新媒体集文字、图表、数据、声音、影像等多种通信媒介为一体，是具有集成性、兼容性、立体性的通信方式。这种超文本的传播手段改变了人们的阅读方式，使大众阅读呈现出快餐式、跳跃式的浅阅读特质。新媒体在进行内容传播的时候，往往将社会中的热点焦点问题及难点疑点问题分解成若干个经典片段，并配上戏谑诙谐的图片或短小精悍的视频，进行声情并茂的感性表述。这种立体式的传播手段，既抚平了各个年龄代际间的知识语境鸿沟，又对精英化、规范化的传播方式进行了抗争，实现了抢占注意力的目的。

第二，传播方式彰显个性化。新媒体时代，传播者往往利用新媒体进行分众传播、小众传播，通过"点餐式"个性服务来吸引更多的受众，不断扩大自身的社会影响力。比如，传播者利用信息技术设立门户网站、微博账户、微信账号和 App 客户端。在这些新媒体中，传播者提供各种检索工具，使受众在海量信息中各取所需。同时，"受众还可以自主选择信息接收的时间、地点及媒介的表现形式"。[1] 传播者能够根据用户的需求，通过订单生产、定制推送等形式为受众提供相关信息的专门化服务。

六、传播路径的网状化、裂变化

传统的社会思潮传播路径是自上而下的倒金字塔式单向传播，即社会思潮的核心层（主要包括理论专家、高级官员、社会活动家等精英群体）在考察社会心理变化的基础上，通过讨论、验证，提炼出解决社会问题、引领社会走向的思想理论，然后，这些精英群体将他们制造的思想理论进行加工、改造，通过发表文章专著、举办论坛讲座等形式，向广大知识分子尤其是大学生群体进行定向传播，由此形成社会思潮。在这种"传播者本位"的传播路径中，多数在场受众是被屏蔽的，受众仅仅是作为社会思潮传播的消费者而存在，缺失传播主体的地位和价值，被视为没有发言权的"草根"。与上层大、下层小的线性传播路径相比，新媒体环境下的社会思潮传播路径是中间大、两边小的橄榄式网状、裂变传播。

一方面，社会思潮的传播路径具有网状化特征。新媒体环境下，巨大的民间传播力量在网络上消解了传统的"议题设置"。当社会热点事件出现时，各种意见的交流、对话和冲突在网上形成强烈的"舆论场"。精英群体根据点击率、回帖率、转发率把社会舆论的中心和心理共鸣的焦点整合出来，并把问题放大，"造成舆论力量的互动和共振，形成强大的聚焦功能"。[2] 这种强大的聚焦功能又会形成巨大的舆论冲击波，形成"民意朝向"的社会思潮传播网。另一方面，社会思潮的传播路径呈现裂变化的特点。Metcalfe's Law（麦特卡夫定律）强调，网络的有用性（价值）随着网络用户数量的增多而呈指数增长的趋势。由此得知，分享某个话题的受众越多，这个整体的效能就越大。在新媒体时代，社会思潮的传播线路主要有两种：一种是"粉丝"线路，

---

① 赵敏.新媒体环境下大学生道德教育创新研究，山东人民出版社 2012 年版，第 34 页
② 李建秋、李晓红.新媒体传播导论，四川大学出版社 2011 年版，第 91 页

即传导者在网络上发布思潮信息后,传导者的"粉丝"们都可以迅速获知信息;一种是转发线路,即某一受众转发了传导者的思潮信息,该信息立即同步到该受众的好友圈里,然后依次类推,实现勾连与嵌套的裂变式传播。

新媒体还有"易检索性"的特点:可以随时存储内容,查找以前内容和相关内容非常方便。新媒体用强大的软件和网页呈现内容,可以轻松地实现24 小时在线。独特的网络介质使得信息传播者与接受者的关系走向平等,数字技术促使媒体壁垒被打破,信息共享的概率增多,信息的获取、制作成本降低。

第三节　新媒体传播载体

从 Web1.0 到 Web3.0,不同的新媒体承载着不同的功能,发挥着不同的作用。微博、博客、播客、SNS 社交网络主要实现新媒体中的人际传播,BBS 论坛、社区主要实现着群体传播的功能,内部网、局域网具有组织传播的功能,各种新闻门户网站、综合型网站、数据库、视频中心主要实现着大众传播的功能。多种多样的新媒体传播形式并未各自割裂开来,而是相互联系形成巨大的网络,产生新媒介自身的复合、信息的共享与互动。

一、Web1.0 时代到 Web3.0 时代

在 Web1.0 时代,门户网站、搜索引擎、即时通信是三大主导产品。网站、搜索引擎是 Web1.0 时代的基础应用,电子邮件、网络论坛、即时通信是 Web1.0 时代具有代表性的交流形式。此外,Web1.0 时代还有网络杂志、网络报纸、网络文学、网络广播、网络电视、网络游戏等多种媒体形式。

Web2.0 时代,各种社交媒体层出不穷,而 Web1.0 时代产生的媒体形式也随着技术更迭而升级变革。例如即时通信、网络论坛、网络游戏等媒体形

式都染上了浓厚的 Web2.0 色彩。

即时通信、网络论坛产生于 Web1.0 时代，但也将其归于社交媒体，而社交媒体本是基于 Web2.0 的。其实，Web2.0 与 Web1.0 没有绝对的界限。Web2.0 技术可以称为 Web1.0 应用的工具，即时通信、网络论坛这些在 Web2.0 概念之前诞生的媒体形式本身也具有 Web2.0 特性。

各类社交媒体在网络媒体的母体里萌芽和发展，随着移动应用的快速普及，如今已经拓展到移动互联网支撑的手机媒体群。新媒体形式的典型应用分为手机端和桌面端。可以看到，几乎所有的新媒体形式都有了手机版的应用。各种媒体形式向移动形式上发展已经成为一种趋势。目前，很多应用已经成为网络媒体、社交媒体和手机媒体三者之间的交集应用，例如 QQ 即时通信、新浪微博、微信、人人网、优酷视频等。微信在 CNNIC 报告中被列为即时通信类。笔者认为，从主要功能上看应将其归入移动社交类，它同时兼具即时通信的功能。

Web3.0 时代，是融媒体乃至智媒体的实现，其核心思想在于融合，能融合各种网络内容。Web3.0 的主要应用形式是个人的门户，它是完全按照该用户关注信息的偏好和行为习惯进行组合而形成的，是基于用户需求的信息聚合。Web3.0 时代媒体的评价标准不再是流量和点击率，而是信息到达率和用户价值。

关于 Web3.0 的概念，Bidarra·J 认为："支持创建博客、维基、播客和视频剪辑称之为 Web2.0，新 Web3.0 明显是 Secondlife，Div-vio，Joost 和 VRML/X3D 在网络世界中的具体化，预示着人类的形象符号、智能代理和丰富的多媒体特征在交互式 3D 环境中轻松融合。"谷歌董事长埃里克·施密特（Eric Schmidt）认为，"Web3.0 是一系列设施设备的结合。其核心软件技术是人工智能，它可以智能学习理解语义网，Web3.0 技术的应用可以使网络更加人性、精确和智能"。[①]

---

① 陈珊. Web3.0 创客教育网络学习平台，科技文献信息管理，2017 年第 2 期，15 — 21 页

从诸多 Web3.0 的概念界定中可概括出 Web3.0 的主要内容包括语义网、3D 网、社交网、智能网、媒体中心五大部分。

基于 PC 端、WAP 端、PAD 端、网络电视等一系列网络设备的推陈出新，实现不同终端机器之间的互联互通、资源共享、信息传递、个性服务等。Web3.0 时代下，信息数据不再是碎片式的散漫在数字世界中，而是高效聚集、语义网罗、个性定制、智能汇合成为各类型系统网络图，实现网民对信息资源的获取、整合、使用、共享。

互联网迈进 Web3.0 时代后，人们不断提高对虚拟世界的开发与运用，使现实世界中渗透着网络世界，在网络世界中体验着现实世界，二者相互映射、融合。

二、集大成者——微信

至 2017 年 11 月，微信作为腾讯公司开发并由客户申请接入的服务平台融合通信"社交"平台化为一体，每月活跃用户已达 5.49 亿，微信公众号超过 800 万个，是目前影响力和传播力最大的移动服务平台。

（一）微信的传播机制

传播机制指在传播过程中传播者、受传者、信息、传播媒介和反馈等各要素的功能和相互关系。具体到微信传播，微信传播机制指的就是微信信息传播的传播者、受传者、信息、传播媒介和反馈等在一定的传播制度下协调统一运作，以完成整体的传播过程。[①] 微信是基于在微信传播机制中，传播者、受传者、信息、传播媒介和反馈五个要素均对传播效果有重要作用。传播者是发出信息的行为主体，是传播过程的始发者。个人只需要用手机号码或 QQ 号码便可注册微信账号，政府、媒体、企业等团体提供机构名称、机构组织代码等运营信息便可注册微信公众号，拥有发布信息的权利，即成为

---

① 王艳丽.从功能论角度探析微信的属性［J］.中国报业，2013（7）：28

信息的传播者。受传者是信息的接受者，是传播者的作用对象。在微信传播中，用户互为好友或用户订阅微信公众号的情况下，便能够接收信息，成为信息的受传者。

微信传播中的信息形式多样，如文字、语音、图片、语音等。从内容上看，微信传播的信息有聊天信息、新闻报道、文学作品、智力游戏等。传播媒介是信息传递的载体。微信本身并不发布消息，所以它不是媒体，而是社交工具。微信承担着"大媒体"的角色和功能，是信息交流与中转的媒介平台。它是沟通交流的通路、内容分享的平台、信息接收的终端等 。①

反馈是受传者参与传播活动的主要形式，体现了受传者的主动性。在微信传播中，聊天场景下，受传者的回复即反馈；在接收朋友圈和公众号发布的信息时，受传者点赞、评论、分享即反馈。在微信传播中，传播者、受传者、信息、传播媒介和反馈在技术支持下协调运行，构成一个完整的传播过程。

（二）微信的传播特点

微信的传播具有互动性和双向性。在传播的模式中不断对其自身的功能进行深化，由最初的语音对讲发展为图片视频的传输，这就在很大程度上方便了人们的生活，促进其自身的发展和实用性。

传播平台更加集中。微信对手机功能进行了最大化的利用，并且在传播的同时对传播渠道进行了拓展，使其传播的平台更加集中。具有个人账号还可以设置公众平台的微信账号。微信的二维码扫描系统、定位系统等等都使其传播的平台更加集中，二维码主要是对用户身份的验证，通过摄像头的扫描可以很明确地辨别用户的身份和信息，定位系统主要是用来找朋友。同时，微信也有其插件功能，例如 QQ 邮箱、QQ 通信录、手机通信录、QQ 微博等等，其传播的平台更加集中并明确，平台的聚集和共享，把人们日常生活中的很多通信工具都包括在内，所以说微信使人们的传播平台更加集中，是通信和

---

① 王璇．小软件，大舞台——微信传播的机制、特点、问题与对策［J］．科技传播，2014，6(23)：186 — 187

传播工具的"集大成者"。

内容传播与时间具有同步性。微信主要是运用对话或者是聊天的方式进行沟通，它是属于一对一的即时消息推送，到达率基本为百分之百。以语音、视频、文字、图片、专题推送等等与自己的好友进行沟通。相对于短信来说其语音通信即时性不可以代替，相对于微博来说更加私密化、门槛更低、更加方便，相对于电子邮件来说它传播更加迅速。

微信传播具有及时性、准确性、私密性的特点。一般情况下大众账号可以对图片、文字、语音进行群发。而经过认证的账号则具有更多的功能，不仅仅可以对图片、视频、文字进行推送，还可以对专题信息进行推送。其传播交流与微博不同，微博中的动态，粉丝可以随时进行关注，并且随时进行评论。①

微信用户在发出信息前，要选定信息接收者。如果选定的是个人，那么信息的传播就是"点对点"；如果选定的是多人（包括朋友圈），那么信息的传播就是"点对面"。在"点对面"的传播中，只有信息发出者和接收者互为好友，微信界面才会向双方显示信息和双方的互动。②若第三方与任何一方不是好友关系，用户不会看到非好友的信息和互动，这是微信传播的私密性。

通过使用微信，用户拥有了传播和接收信息的权利。在传播和获取信息、消遣娱乐的过程中，建立和维系了人际关系，形成和完善了社会认同。从受众研究的角度来看，通过微信这一传播工具，受众满足了社交诉求，这对于信息时代的受众心理是非常重要的。因而，微信传播具有使用满足性。

微信通过"摇一摇""漂流瓶"和查看"附近的人"，能够看到陌生用户的用户信息或信息，并可加为好友。例如，北京的微信用户可以摇到西安的用户，或捡到广州用户的漂流瓶，或看到附近1000米的用户讯息。看到陌生用户的名字、头像，收到他们的讯息或听到他们的声音，拓展了用户的视听

①　党昊祺. 从传播学角度解构微信的信息传播模式，东南传播，2012年7期
②　杜海涛. "朋友圈"是什么圈［N］.人民日报，2014-6-6（18）

范围，扩宽了用户的社交圈，也满足了用户的好奇心理。可见，微信传播具有一定的猎奇性。

三、最具感染力——富媒体

富媒体 (Rich Media) 是应用一系列最新网络技术，以二维和三维动画、影像及声音为表现形式的一种应用。包括多媒体（二维和三维动画、影像及声音），它包括 HTML、Javascripts，Interstitial 间隙窗口，Microsoft Netshow、Real Video，和 RealAudio，Flash，等等。[1]

富媒体包含流媒体、DHTML 等程序设计语言的形式之一或者几种的组合。富媒体可应用于各种网络服务中，如网站设计、电子邮件、BANNER、BUTTON、弹出式广告、插播式广告等。富媒体之"富"，是建立在宽带网络基础上的，是相对于窄带网络的信息相对贫乏而言的，是一个建立在多媒体基础上的相对概念。一般来说，富媒体即特制交互性多媒体，多媒体与交互性两项缺一不可。

富媒体本身并不是信息，富媒体可以加强信息，将富媒体应用于广告就产生了富媒体广告，其特点是尽可能应用最生动、最具感染力的表现形式来展现广告创意，帮助广告主更好地与受众沟通与互动。如一则百事可乐的富媒体广告，采用的是"iCast 通栏扩展视频形式"，当鼠标触及通栏中播放的视频广告，视频框会立刻扩展开来，伴随声音一同播放。同时，伴有吸引人的促销信息以及"免费短信大放送"等互动措施，大大提高了广告效果，吸引更多受众登录百事活动主页，既而浏览、注册会员，从而达到此次推广的目的。

可以预见，未来的互联网上，铺天盖地的文字广告会让人觉得厌倦，大同小异的文字信息已无法吸引消费者的目光。而富媒体广告能使消费者享受

---

[1] 富媒体_百度百科 https://baike.baidu.com/item/%E5%AF%8C%E5%AA%92%E4%BD%93/3331198?fr=aladdin

网络广告的新奇乐趣，增强了广告的表现效果，先进的技术使用户可以从更高的水平上与广告主进行互动，适应于新媒体广告"个性化""互动性"的趋势要求。

四、风起云涌——媒体云平台

（一）中华云平台的内涵

2013 年，中国国际广播电台、中国国际广播电视网络台旗下的国广环球传媒控股有限公司收购中华网，此后，用多年时间，打造全媒体"中华云平台"。该平台采用"云 + 网 + 端"架构，形成集素材采集、节目制作、内容共享、多终端发布、多渠道综合覆盖和用户舆情反馈于一体的、端到端的、多语种、覆盖全球的全媒体传播新平台，通过构建分布全球的媒体云和融合传输覆盖网，对国际台全形态的媒体战略资源进行整合和智能调度。其中，云是基础，网是支撑，端是呈现。

推进平台融合，改变了传统的媒体间采集制作方式独立、分散、水平运行的状态，通过自建或借力方式，打造适应全媒体业务发展需要的云平台。

（二）搭建云平台的意义

"云"本身并非新技术的诞生，而是传统技术的集成。云平台是用一体化的思维来重新整合系统内局部之间的关系。它如同一个"资源池"，实现计算资源的集中整合，完成媒体生产过程中所有的指挥、调度和信息沟通。云平台体现着"泛在、透明、智慧、和谐"的哲学理念，用户所需要的信息服务随时集成，随时分散，如同自然界中的云一般，"聚则成形，散则成风"，实现"万世万物皆和合"的状态。

云平台作为支撑全媒体运行的后台，将成为世界最大的资源库。它呈现出以下显著优势。一是超大规模，赋予前所未有的计算能力。二是虚拟化，支持使用者在任意位置、使用各种终端获取服务。所请求的资源来自"云"，而不是固定的有形的实体。三是通用性，在"云"的支撑下构造出千变万化的应用，同一片"云"可以同时支撑不同的应用运行。四是高伸缩性，"云"的规模可以动态伸缩，满足应用和用户规模增长的需要。五是廉价性。"云"的自动化管理使数据中心管理成本大幅降低，公用性和通用性使资源的利用率大幅提升。

（三）云平台的"云""网""端"

1.中华媒体云。中华媒体云可以为各类媒体提供节目制作、媒资管理、用户管理、业务流程管理等系统支撑，实现多语言、全媒体内容生产、发布的云服务；能够将不同媒体形态的内容采集、制作、存储、发布等流程，整合在统一的网络平台上，实现媒体内容形态之间、生产者之间、生产流程之间的共享共通，全面提高媒体生产能力与效率；通过建设智能引擎系统，实现内容智能聚合、网络高效适配和面向用户的推荐引导。

2.中华云融合传输覆盖网。基于广播电视网和移动互联网相融合的多渠道的综合覆盖网络。重点解决内容经济有效送达、业务覆盖范围和人群扩展、与互联网和移动互联网的融合、网络建设和使用成本的控制等问题，实现多形态融合网络的立体协同覆盖。中华云融合传输覆盖网综合利用包括卫星、地面、有线和无线等多种传播方式，兼容广播网和互联网的双重特性，实现媒体业务和用户服务的立体全覆盖。

3.中华云终端应用服务。基于智能推荐和智能 EPG 技术，面向最终用户提供的多形态业务展现的服务。重点解决多渠道业务接收、融合业务展现、用户个性化服务、用户信息收集等问题，实现用户共享以及用户智能引导。中华云终端应用服务，既可以向用户提供多语种、全媒体形态个性化、精准化终端服务，也可以采集用户内容喜好、地域分布、接收习惯等信息和数据，通过大数据技术挖掘分析，指导内容生产制作、聚合和播发，实时调整媒体策略规划和业务部署，适时满足用户个性化、多样化需求，最终实现以用户为中心的媒体战略转型。

从"铅与火""光与电"到"数与网"，媒体新技术的迅猛发展，不仅极大改变了信息生产方式，也深刻改变着媒体格局和舆论生态。

五、万物互联——物联网

2017 年初，中国电信发布"NB-IOT（窄带物联网）（Internet of Things，IOT）企业标准"，中国联通、中国移动也加快了 NB-IOT 外场测试部署与城市试点工作，根据工信部、中国 IMT-2020（5G）推进组的工作部署及三大运营商 5G 商用计划，我国将于 2019 年启动 5G 网络建设，最快将在 2020 年投入商用。第五代移动通信技术为丰富智能产品种类，实现万物互联提供了可能。

（一）何为物联网？

物联网这一概念，最早由美国麻省理工学院阿珊提出，指的是将各种信息传感设备，如射频识别装置、红外感应器、全球定位系统、激光扫描器等种种装置与互联网结合起来而形成的一个巨大网络。具体而言，物联网是通过在物品上嵌入电子标签、条形码等能够存储物体信息的标识，通过无线网络的方式将其即时信息发送到后台信息处理系统，而各大信息系统可互联形成一个庞大的网络，从而可达到对物品进行实施跟踪、监控等智能化管理的目的。换句话说，物联网可实现人与物之间的信息沟通。

物联网技术（Internet of Things，IOT）旨在利用射频识别技术（RFID）、传感器技术、嵌入式技术、无线数据通信技术等，构造一种全球物品信息实时共享的实物互联网。物联网的发展得益于互联网和移动互联网的高速发展。物联网是新一轮通信信息产业革命的驱动力量。它是 4G、5G 技术的重要应用方向，现在热门的工业 4.0、互联网＋、智能家居、人工智能、大数据、云计算、嵌入式开发等理论都和它紧密相关。

从本质上看来，物联网是互联网在形式上的延伸与扩展，它传承了互联网的普遍性特征，也并非只是将传感器连接成网这样简单。物联网的关键不在"物"，而在"网"。这张网几乎可以把所有媒体的特质都网罗其中。物联网通过信息技术手段的扩张，重新生产了网络的意义，而且实现人与物之间的相融与互动，甚至是交流与对话。从数字化、网络化到现在的智能化，物联网是信息传播技术演化的新进展。智能化已然成为物联网传播中的关键词。

物联网的传播使得物体都能赋予"内容"，并在不断进行人与物交流、物与物交流中生产"内容"。不难发现，相对麦克卢汉的"媒介即信息"，物联网这种新型传播形态在传播意义上有更大的突破，"物体即信息"。在物联网的传播中，正如物体本身的物理属性，信息是固有的、弥散的、非集中化的，但通过装置在各类物体上的电子标签、传感器、二维码等经过接口与无线网络相连，物体将循环地进行信息的"生产"与"再生产"，这在更大程度上消除了对于媒介性质的认识，甚至可以认为"物体即媒介"。

（二）万物互联的关键技术

当前引发这场万物互联的革命的主要驱动力是来自四个方面的关键技术创新，分别是：IOT（物联网）、CLOUD（云技术）、BIGDATA（大数据）和VR／AR（虚拟现实／增强现实技术）。

M2M 通信，是物联网时代的主流。狭义的 M2M 是指机器与机器（Machine To Machine）之间的自主通信。而广义的 M2M，则可涵括机器对机器（Machine To Machine）、人对机器（Man To Machine）、机器对人（Machine To Man）、移动网络对机器（Mobile To Machine）等之间的自主连接与直接通信，它涵盖了所有在人、机器、系统之间建立通信连接的技术和手段。这种连接不仅仅是简单的数据在机器和机器之间的传输，更重要的，它是机器和机器之间的一种智能化、交互式、自主态的通信。也就是说，即使人们没有实时发出信号，机器也会根据既定程序主动进行通信，并根据所得到的数据做出智能化的决策，对相关设备发出正确的指令。

IOT（物联网）的应用将遍布生产制造、技术升级、服务防控、起居生活、运输传播、医疗健康、安全环保等所有环节。

(三) 物联网新媒体形式

物联网对于新媒体发展的作用可以概括为，物联网实现了媒体维度的扩展，使信息传播媒体由"从人到人"的传播平面扩展至"从人与万物到人与万物"的广阔空间。借鉴于物联网的英文简称 IOT，把物联网所引发的各类新媒体形态统称为"MOT"（Media of Things)。

物联社交网（SNOT）：通过各类智能装置与智能应用程序，人类之外的各类生物或无生命实体均可通过接信物联网而进一步进入人类的社交网络，在人类社交网络中实现拟人化的、极具吸引力的存在。物联社交网应用的较早实例包括宠物饮水机等，此后，交通监控摄像头开始进入微博，火星探测器开设 Twitter 账号，"玉兔"月球车在社交媒体上"卖萌"，各类实例已经层出不穷。

"类微信"服务媒体：服务化是未来媒体发展的重要趋势，未来的媒体将不再是单纯意义上的信息传播载体，而将承载更具价值、更具可持续发展潜力的综合信息服务，服务能力越强，媒体的生存能力才会越强。未来获得长足发展的媒体首先是以用户需求为中心的"服务系统"，以微信为代表的社交网络新媒体工具的兴起，为智能服务提供了可能。每一个微信公众号都可以成为一种与用户实现会话、能够处理用户的语音、图片和文字输入、为用户提供灵活服务的智能媒体。微信之外，类似的 App 或其他工具也可通过与物联网的结合，实现智能服务，并构成连接物联网与服务媒体的渠道和载体，形成"类微信"服务媒体。

物联网媒体离不开大数据。在互联网时代，无论用户在互联网中的网页浏览、视频播放、广告点击、信息搜索、收藏购买、导航定位等各类操作，还是用户在移动互联网的 App 使用、即时通信、拍照上传、发帖评论、点赞转发、心跳血压等种种记录，所有行为都被转化为数字记录，并能分析出用户的喜怒哀乐偏好等。这一记录过程突破了原有数据的样本采集方式，数据采集不再受制于主观、断点、结构和结论化的局限，逐渐形成了大数据的数据基础。互联网环境下的数据采集极大降低了数据采集成本，连续的样本检测得以客观分析更多的细节，将人与社会和自然的关系变为生命记录、活动记录和环境变化记录，最终获得更具深度和广度的数据基础。大数据不断累积效应，使得数据本身的价值又循环往复，将得以再次开发利用。

大数据时代的物联网媒体在总体特征上可被描述为是依靠"大数据支撑"的媒体。媒体应当充分具备大数据的采集、分析、存储和处理能力，通过数据所产生的"内容精准化导向"，通过数据可视化技术大规模生产用户体验更好的"数据化内容"，在此基础上利用媒体优势实现和创造相对于计算机和互联网而言"更好的数据可视化"，并最终实现基于大数据分析挖掘的"知识驱动"。

万物互联，传媒行业将会以更多元化的形式完成更加丰富的信息传达，每个人、每件智慧物品都将成为万物互联世界中的一部分，也是万物互联网络的使用者，而人类也将因此而拥有从未有过的智慧，步入人类文明的崭新境界。

本章作业

1. 简述新媒体对传统媒体冲击的三个阶段各有什么特征。

2. 试简述万物互联的物联网的形成、特点与影响力。

第五章　新媒体传播受众

受众一词在《新闻学大词典》中的解释是指传播过程中信息的接受者，是读者、听众、观众的统称。所以受众无论从它字面意思还是词典解释都表现出受众处于信息接收的被动位置，而在新媒体时代，互联网和手机等新媒体的用户在信息的选择上都处于主动的地位，传播者和受众的界限越发模糊。个性化的用户个体创造汇聚成了庞大的内容生产，同时也能被越来越多的用户所分享，新的以网络用户为中心的传播生态已经形成。

传统的传播秩序被新媒介进行了分解，传播要素随之也被重组，与此同时，媒体目标受众的角色已经由传统的"信息被动接受者"逐渐转换为"主动参与者"和"信息生产者"，受众广泛参与到了信息的自主选择和媒介内容的生产当中。新媒体的信息呈现方式抛弃了传统的线性、单向的传播，而是将受众作为传播主体，赋予受众同等的信息表达地位、充分的自主选择权、能动的信息生产权。如今的 Web3.0 时代，传播者和受众之间的界限模糊，媒介不过是聚合受众注意力和需求的平台，信息的发布不再局限在原来的少数特权阶层，每一个人都可以发布信息，参与任何一个新闻事件，影响事件的进程。受众的主动性及互动性是新媒体环境下的鲜明特征。[①]

受众成为用户，每个普通人都可以随意地发布信息，每一个人手里都有一支"麦克风"，传播和接收的地位平等。

---

① 魏佳.论新媒体环境下"受众"新特征，新闻爱好者，2009 年 6 期，19 — 20 页

第一节　传统媒体受众理论

目前传播学界对于受众的定义为：信息传播的接收者，包括报刊和书籍的读者、广播的听众、电影电视的观众等。随着网络、手机等新媒体的兴起使得受众的范围越来越大，受众这一概念的内涵也发生了巨大的变化。

受众碎片化，报纸、广播等传统媒体的覆盖率越来越低，主要是由于当前的青、中、壮年人在信息获得渠道上拥有个性化的追求，传统媒体的信息传播方式不能满足受众个性化的需求，使受众的集中度下降，而微博、移动电视等新媒体的出现，可以从不同的角度满足受众的个性需求；

一、魔弹论

魔弹论又称靶子论、"枪弹论"或者"皮下注射论"，这是一种有关媒介具有强大效果的观点。自从传播学产生以来，以研究如何取得最佳效果为核心的效果分析就一直处于受宠地位。其他诸如控制分析、内容分析、媒介分析、受众分析，都是为了一点：传播致效。而"魔弹论"堪称效果研究的滥觞。

（一）"魔弹论"产生的背景

20世纪二三十年代，正值世界大战和西方经济大萧条时期，战争动乱、经济衰退、社会矛盾尖锐对立，社会普遍处于恐慌不安、不知所措的状况之下。出于维护自身安全的强烈动机，人们急切渴望了解周围环境的动向及变化，以便根据周围环境和现时情况做出相应的行为决策。人们对环境认知的方式分为两种：一种是直接体验，即对事情的认知来自亲眼所见或亲身经历；一种是间接经验，即通过社会交往和互动，从他人那里获得相关信息，这包括邻里、朋友、团体及大众传媒等。第二种认知方式使得人们的行为态度更容易受到传播的影响。

动乱使人们对急剧变动的外部信息急切渴望，而世界性的战争将人们的生存环境极大扩展，由于实际活动范围、精力和注意力有限，宇宙如此浩瀚、联系如此复杂，人们不可能对世间诸事都保持经验性接触，当事物超出人们亲身感知能力时，就需要通过一种新的大型媒介系统来把握。这一时期，大众报刊飞速普及，电影和广播等新的电子媒介也不断登场，对信息的流通和传递发挥了不容忽视的作用。①

然而，大众传媒展现在大众眼前的"世界"——亦可称之为拟态环境——并不是也不可能是完全客观的环境，而是传播媒介对所传播的事件或信息进行选择加工、对象征性加以结构化以后向人们提示的环境。这种再结构化在当时的环境下，往往与政府意志密切相关。

人们越来越多地依据大众媒介提供的信息环境，确定对事物的态度和判断。由于战争的需要，欧美各国对本国的大众媒介实行严格的控制，实际是控制了人们的视听。在这样的时背景下，正是由于大众恐慌情绪和急于摆脱不安的心态，使得宣传性的信息传递一击即中。

（二）"魔弹论"的核心内容

"魔弹论"的核心内容是：传播媒介拥有不可抵抗的强大力量，它们所传递的信息在受传者身上就像子弹击中身体、像"皮下注射"一样引起迅速而直接地反应，大众传媒可以左右人们的态度和意见，甚至直接支配他们的行动。受众完全是消极的，媒体传播什么，受众就接收什么，没有任何主体性。

"魔弹论"主要内容有：

一是它把受众看成是一群被动无知、唯命是从、不堪一击的人；二是所传信息像魔弹一样，威力无比，所向披靡；三是传者只要命中目标，完全不必顾及其他因素，受者都会应声倒地；四是受众接收魔弹似的信息后，会以或多或少一致的方式做出反应。受众的观念会受到影响、改变，甚至其行为

---

① 冯林林.魔弹理论下的受众观［J］.西部广播电视 2015.05

也受到传者的操纵。也就是说，受众的思想感情、言语行为完全在传者的左右和支配之下；五是"魔弹"的效果是神奇的、直接的、强有力而无法抗拒的。

"魔弹论"实质上是从一个特定角度出发，对大众传播效力所做出的一种估计，是对传播效果的一种"过于简单"（赛弗林语）的表述。[①]

"魔弹论"在今天都有其存在价值，但此理论的缺陷在于它不讲条件，不分时间、地点、对象而过分地夸大了传播效果，忽略了传播致效的复杂性。其理论基础既有弗洛伊德的精神分析理论以及美国心理学家华生（Watson）的"刺激—反应"模式和行为主义心理学，又从马克思·韦伯所开创的社会学中吸取了大量的营养。这种理论流行于第一次世界大战至 20 世纪 30 年代，20 世纪 40 年代之后，随着社会调查法和心理实验法的广泛应用，"魔弹论"逐渐受到否定。

二、传受互动论

人类新闻传播到目前为止，经历了三个历史阶段，总的可以概括为：以传者为中心→开始重视受众→承认传者与受众是传播活动中两个主体。

早期传播理论代表人物是大众传播理论的奠基人拉斯韦尔（Harold Lasswell），1946 年，他在与人合著的《宣传、传播和舆论》一书中阐述了传播过程中的"渠道""传播者""内容""效果"等问题，但并未对"受传者"做出具体分析。在当时的许多研究者看来，传播者是绝对的主体，而受传者只不过是大众传播的对象和靶子，所射出的枪弹总能百发百中。社会学家拉扎斯菲尔德（Paul lazarsfeld）和香农（Sharnon）也相继提出了单向的"两级"传播理论，这种忽略受众心理的巨大潜能的理论在当时是被人们推崇备至的。这种理论的传播，导致的直接结果便是在实践中人们也只重视传者和信息，很少有大规模的受众心理调研之类行之有效的措施。具有革命意义的奥斯古

① 尹连根.试论魔弹论［J］.社会科学研究，1995(6)

德 (Osgood) 在 1954 年首创了一种崭新的模式，由施拉姆提出，即奥古斯德—施拉姆的控制论模式。与以往大大不同的是，该模式是一个高度循环性的模式，传受双方也都执行着相同的职能：把受众和传者作为对等的双方提了出来。可以看出，在理论研究中，人们已经把单一的传播理论推进到双向的传播理论阶段，而且越来越重视受众的构成和受众所占的地位。

在 20 世纪 40 年代到 50 年代间，随着商业竞争及其发展，受众的认知和心理开始变化，受众研究理论模式不断涌现，如"传播流""有限效果论""选择性接触假说""两级传播"等理论。其主要观点是：媒体发出信号，受众对传播内容进行筛选、过滤，只接受自己赞同的观点。

在 70 年代，一些学者提出了满足需要论，以受传者作为出发点，其中被引用最广的可算是罗森格伦的"使用与满足"模式，它以个人的需求为起点，使得传播者把对受众的需求放到了第一重要的位置上。

随着研究的发展，传播学者们发现受众并不是单纯的、被动的接受者，也不是同质的，不同的受众对于同一传播信息会产生不同的反应，受众在传播过程中的作用开始受到重视。

三、受众中心论

真正实现从传者中心论到受众中心论的转变是在 20 世纪 60 年代。20 世纪 60 年代到 80 年代期间，"适度效果论""使用与满足"等理论使受众研究的结论最终质疑了媒介"强大"的效果，媒介并不像大众社会理论所预示的那样有力量，如"适度效果论"认为实际上媒介效果很少能改变态度，往往只能强化态度，由此人们不得不把受众视为有选择性的主体，从此开始了以受众为主体的传播思维。

"受众中心论"认为，受众是传播的主动者，媒介是被动者。受众并不是消极地"接受"信息，而是积极地寻求信息为自己所用，此即受众本位意识论。1964 年，美国哈佛大学心理学家鲍尔出版《顽固的受众》一书，书中大力宣扬这一理论，"受众中心论"后来在卡茨、麦圭尔、布拉姆斯等人首创的使用与满足理论中得以发展。使用与满足理论是针对受众"使用"媒介以"满足"自身需求而言的。施拉姆曾这样解释：受众参与传播就好像在自助餐厅就餐，媒介在这种传播环境中只是为受众服务，提供尽可能让受众满意的饭菜（信息）。至于受众吃什么，吃多少，吃还是不吃，全在于受众自身的意愿和喜好，媒介是无能为力的。即"这个理论假设的中心是受众。它主张受传者的行为在很大程度上是由个人的需求和兴趣来决定的，人们使用媒介是为了满足个人的需求和愿望"。①

德国学者伊丽莎白·纽曼提出"沉默的螺旋"受众模式与理论，② 在新闻理论界确立了受众在新闻传播过程中的中心地位。

第二节　新媒体受众理论

一、传受合一论

新媒体的每一位使用者不再仅仅是受众，更可以是新闻内容生产者、传播者。

受众已经从"魔弹论""强效果论"中被动的信息接收者转变为积极主动的信息寻求者，可以按照自己的兴趣对外来信息进行有选择的接触、理解和记忆，对信息传播的过程与效果具有制约作用。美国新闻集团总裁默多克说："权力正在发生转移，从拥有和管理媒体的人向正在变得日益挑剔的读者和观众那里转移。"③"受众"可以发布信息，对媒体信息做出评判，影响乃至

---

① 张隆栋. 大众传播学总论［M］.北京：中国人民大学出版社，1993 年，第 180 页

② 胡素青. 媒体垄断：传播学批判学派的锋芒所向［D］.华中科技大学，2010

③ http://www.cntheory.com/GJXYFT/2010/419/104192258351D9625ABFKDAIE5G0C13.html

左右媒体及舆论，并且诉诸问政行为，拥有知情权、表达权、参与权、监督权，可以随时、随地、随心所欲地用任何他们喜欢的方式获得任何他们想得到的资讯。

但是，笔者以为，将视野放至全球舆论环境与社会生活，新媒体环境下传受合一的受众论并不完全准确，所谓的传受合一是受到限制的、有条件的。例如，传受合一受经济发展水平的限制，在经济文化发展水平落后的国家和地区，并不能完全传受合一，舆论话语权较弱的一方，只能是被动"接收"多，主动传播少。另外，传与受之间的关系更加复杂，如传播受众中有一些知名人士，意见领袖，他们所传播的信息可能形成轰动性大新闻，甚至形成强大的舆论力量，这不再仅仅是传与受的信息对流，而是影响到了舆论格局的改变。

二、传受主体论

在新媒体具体使用过程中，在通过新媒体具体传递信息的过程中，新媒体使用者是有很强的主体能动性的，传递什么样的信息、用什么途径传递，传递信息的时间、频率与范围，都可以自主选择；受众在接受信息的过程中，选择什么样的信息，什么时间接受，通过何种途径接受信息，选择何种形式来接触信息，身为受众同样有主观能动的选择，在网络媒体和手机媒体的使用过程中可以清晰地体现出这一特点。所以，笔者提出"传受主体论"这一新的受众理论。

另一意义上，手机媒体传播形态具有主动性和交互性，传播形态中的传播者和接受者可以在瞬间进行角色转换，不再是单纯的接受信息的受众。所以使用新媒体"传受主体"这一说法更趋严谨和科学，更符合新媒体研究的实际需要。

（一）受众观展／表演范式

阿伯克龙比（Abercrombie）和朗斯特（Longhurst）在《受众——表现

与想象的社会学理论》一书中提出了观展／表演范式（Spectacle/Performance Paradigm，简称 SPP）。该范式提出媒介影像大量进入日常生活，人人都直接或间接地成为受众，同时也是表演者，内容的生产者与接收者融为一体。人们将自己呈现于他人面前，并想象他人如何看待自己。该范式重视受众主动的媒介使用行为，以及由此带来的自我形象的搜寻与建构。

运用这一范式可以更好地解释现在网络上出现的许多网民行为，比如很多人喜欢在网络上写博客，如果从使用与满足角度考虑，可能这种现象就被解释为通过使用博客这种渠道来满足网民抒发感情的需要，而从观展／表演范式角度解释，可认为网友在网络上书写日志，晒照片，传视频等行为是一种表演行为，通过这种表演，网民将部分自己呈现在其他网民面前，再从其他网友对自己的评论中，来建构自己在他人眼中的形象。同样这一理论还可以用来解释天涯、豆瓣等论坛中网民的一些发帖行为，也可以用来解释现在很火的校内网和新浪微博上一些网友热衷于更新自己的状态，发布自己的照片等行为。

现在国内运用这一范式来解释新媒体时代受众行为的论文并不多，比较成功的是用此范式来解释中国大陆美剧迷的现象，活跃在美剧论坛上的迷群通过观展、表演和想象等行为来确认自己文化上的身份和被别人所认同。[①]

（二）扩散受众理论

阿伯克龙比（Abercrombie）和朗斯特（Longhurst）还提出了扩散受众（diffused audiences）这一概念，它与简单受众和大众受众这两个概念相对，主要由以下四个因素构成：（1）花费大量的时间消费媒介；（2）媒介无所不在，且难以和日常生活区分开来；（3）当代社会是一个表演的社会，相当多的人类活动都包含了表演的成分；（4）扩散受众是观看（spectacle）与自恋（narcissism）交互作用的结果。

[①] Abercrombie,N.,&Longhurst B. Audiences:A sociological theory of performance and imagination. London: Sage.1998

扩散受众的提出，为传统的受众概念增添了新的内容，使新媒体时代的受众产生的新特征在扩散受众这一概念中得以体现，即由于媒介影像的大量渗透，入侵日常生活，生活在社会之中的人们，无法避免媒介影像的碰触，无人能够逃脱受众的位置，因而在当代社会人人都直接或间接地成为受众。

第三节　新媒体受众特征分析

新媒体受众更为活跃、主动性和选择能力更强，更可能在自我意识的主宰下排斥强制传播。

一、分众化特征

分众 (Audience-segmentation)，本质上是一种对受众的细分化，即将全体受众根据其特征制定区隔，分成子组群，并向不同组群有针对性、有区别地传递不同信息。经过消费者洞察，对受众恰当的细分带来了精确和更高效的传播，这根本区别于"统治"传统媒体时代的大众传播。

"从某种意义上说，技术的发展在一定程度上逐渐削弱了形成大众受众的可能性和必要性；从遥控器、录像机、有线电视、卫星电视，以及各种新的录制、存储和重放技术，到今天遍及全球的高速电子信息网络，传播技术的发明和应用，使传统的受众角色——被动的信息接收者、消费者、目标对象将中止，取而代之的是搜寻者、咨询者、浏览者、反馈者、对话者、交谈者等诸多角色中的任何一个。"[1] 在新媒体的传播过程中，大众不仅享有绝对的主控权，可以决定接收媒体的时间、内容、主题，而且可以随时反馈其态度或决定，可以随时把自己的所见所闻、所思所想作为信息输入网络中，并

通过"信息高速公路"传送给其他信息接收者。法国后现代主义思想家鲍德里亚也说过，在网络空间里，我们不再是"人"，而是出现在另一个人的电脑屏幕上的信息。

二、受众行为模式：从线性到非线性

新媒体时代，传受关系发生了变化，受众的主体地位得到了极大的提升，传受者间的距离被大大缩短。传受关系的变化改变了人们的话语方式、交流方式，由单向传播转变为自由、多向、共享的传播。

新媒体内容的非线性使受众摆脱了传统媒介传播节奏的束缚，受众能够通过鼠标、键盘等新媒体设备自主控制信息的播放进度，对信息进行评论、分享等，从被动参与变为主动参与，从而介入信息的传播过程。信息还在受众的转发与分享中不断补充与改善，在潜移默化中获得更明显的传播效果。

三、受众的个性化与平等化特征明显

传统媒体时代，受众往往是匿名的、广泛的群体，传统媒介对受众进行单向度的"同质化传播"，消磨受众个性，忽视受众需求。在个体层面，新媒体时代在信息内容多样化的背景下，受众的区分度变强，地位与个性凸显，爱好与习惯细化。新媒体为不同的受众提供了多样化的内容，供受众自主选择，相关网络公司、服务商针对不同受众提供细分化、个性化的产品和服务，为分众异质化传播提供可能，提高传播的专业性、精准度和有效性，更加注重用户的个性化体验，有利于满足受众个人需求。在新媒体平台上，受众信息的选择权、接收权愈发平等，交流的障碍被进一步打破。

四、受众需求娱乐化、实用化、生活化

从"使用—满足"学说的角度看，新媒体环境下，受众也相应有着新的要求，越来越多的受众在压力较大的现代社会中依赖于新媒体实现娱乐诉求，人们对新媒体有着不同的期待，要求轻松、生动、简单的信息；实用心理逐渐改变着人们传统的猎奇心理，人们更多的时间用于在新媒体环境中享受信息阅读、定制服务等实用性功能；在生活中，人们使用新媒体提高生活的便捷性，满足人际交往的需求，实现从线上到线下的便利。新媒体提供的个人化传播、个性化服务较好地满足了当下受众的娱乐化、实用化、生活化要求。

五、受众参与心理转变：主动"发声"

除了媒介功能的更新带来的有利条件之外，受众本身的心态转换更是促成受众角色变化的关键环节。

第一，受众从对传统媒体的信任转变为质疑。2016 年夏天，网络上一张名为"抗洪救灾的解放军战士蹲在泥地里吃馒头充饥"的图片引起了热议。网友质疑，为何战士们的饮食还是和 20 多年前一个标准，并对抗洪的后勤保障提出了疑问。在新媒体时代，网友不再对媒体盲信盲从，而更多地保持了质疑的心理。

第二，社会文化的多元化以及人们的思想碰撞，激发了受众在新媒体时代"发声"的渴求。从沉默到发声，受众通过转发、评论和生产文章、视频等原创性内容来传递自己的观点和态度，加深了受众的自身参与。譬如，2016 年 9 月"成都机场及火车站使用弱光子检查仪"的事件，在微博上产生了数十万的阅读量和数万讨论量，质疑检查仪是否有长期危害和机场、车站采用设备的流程是否规范、是否有安全保障。受众在新媒体时代不再沉默，而是以更加主动的姿态参与到"发声"的过程中。

六、受众角色转变背后的隐忧

约翰·菲斯克的"积极、主动的生产型受众"理论强调了受众对媒体生产的绝对导向，而这样的导向在当今中国的媒介生产市场体现为对 IP 和明星的过度追捧。传媒经济对市场和受众进行了过度追捧，为了获取受众，媒介生产商往往放弃对传媒内容的把控更着重于形式，偶像明星动辄数千万的片酬和网络 IP 的天价版权都是媒介生产市场过度迎合受众的体现，社会现实意义题材产品难获融资，"娱乐至上"的媒介环境也不利于媒介文化的长远发展。

受众在新媒体时代，缺乏对事实整体的把握，依赖于碎片化信息获得直观感受，并凭借感性直觉来进行内容生产，导致虚假信息泛滥。譬如一则"上海女因一顿饭逃离江西农村男友家"的帖子曾引起各大媒体转发和网友热议，一时间关于"凤凰男""门当户对"等相关议题的讨论占据各大新媒体平台的头版，但最终这则帖子被证实是网友杜撰而成。如何在海量的、过载的、不确定的信息源中进行信息甄别，以及理性地批判吸收，是受众主体时代困扰受众自身的一个难题。[1]

网络暴力是受众主体时代另一个弊端的显现，掌握了绝对话语权的受众，在对热点的评论中会承担"键盘侠"的角色，对事实不加了解即在新媒体平台上进行人身攻击，给网络环境的健康发展造成了不利影响。

从传播策略的角度分析，我们必须认识到，新媒体一方面正在加速分流受众，使之更加碎片化；另一方面又为碎片化的时间、受众和场景提供了高度聚合的可能。事实上，全媒体环境正在从两个相反的方向建构着受众：一个是受众的细分以及专业化受众的出现；另一个是作为媒介集中之产物的更大规模受众群的生长。这种动态的聚合与分化成为制定传播策略时不容忽视的重要因素。

---

① 夏晓辉.新媒体语境下的受众角色转换，科技传播，2016 年 22 期

本章作业

1. 简述魔弹论产生的社会背景。

2. 简述传受互动论的主要内容是什么？

3. 新媒体受众特征主要表现在哪些方面？

第六章　新媒体传播效果

由于网络已经成为人们获取信息和交流观点的重要平台，网络舆情这一新生力量也应运而生。网络舆情具有强劲的突破性和渗透力，引爆了很多的社会热点议题。因此，学者对其基本理论、预警机制、传播效果等做了诸多研究。研究视角包括网络舆情视域下传播效果理论的变化和思考、微博中的舆情影响效力以及舆情传播影响因素研究等等。例如有学者提出，网络舆情因其传播模式的网状化、传播内容的开放化、传播主体的隐匿化以及传播手段的个性化等特征，使得经典的传播效果理论受到了巨大冲击和挑战。尤其是"把关人""沉默的螺旋""使用和满足"等理论所强调的观点或假说，在网络舆情信息传播实践中，有的得到了印证和加强，而有的却出现了背离和不适应，故学者试图重新审视和构建新的理论体系，使之与网络舆情信息传播相适应。

新媒体重要的互动特征，增强了受众的参与热情，参与效果：分众化的新媒体传播形式，针对目标人群，有效到达率更强。

第一节　传播效果研究理论综述

从历史的视角考察"传播效果研究"却发现了其路径的多元性。20 世纪 40 年代至 50 年代，传播学在美国诞生，"效果研究"可谓应运而生，从佩恩基金会考察电视对儿童的影响，到拉扎斯菲尔德付诸"工具理性"考察大众传媒对选举的影响，再到卡茨"使用与满足"理论探究受众对媒介的主动选择，"效果研究"贯穿其始终。

一、"第三人"与"第一人"效果理论

1983 年，美国哥伦比亚大学新闻学与社会学教授戴维森在《舆论学季刊》发表题为《传播中的第三人效果（The third-person effect in communication）》论文，提出"第三人"效果理论，之后一直是大众传播效果研究中备受关注的重要理论。

该理论认为他人受到媒介信息的影响大于自身。面对新的媒介环境，学者们再次对"第三人"效果进行了检验。有学者证实了强效果论的存在，并广泛应用于营销、广告、公关和口碑传播等方面，如：郑素侠从网络传播效果与社会距离和认知偏差的关系入手，分析"第三人"效果在政治、文化和社会环境中的不同作用；还有学者研究第三方效果对企业社会责任的影响，探讨了企业、媒介和社会责任这三者存在的关系，结果证实"第三人"效果的存在且会负向影响消费者对名人代言产品的态度。

"第三人"效果理论提出时并未涉及其理论外延问题。但之后有学者认为"第三人"效果理论框架还应包括"第一人"效果部分。"第一人"效果是指受众倾向于认为那些能够引起正面情感或符合社会期望的信息对自己的影响大于对他人的影响，如：禹卫华对"第一人"效果研究的现状进行总结，分析了影响"第一人"效果的各种变量，并且从正面信息的传播效果和口碑传播等方面分析了"第一人"效果的现实意义，诸如国际传播如何更有影响力、公益广告如何影响人们的行为等问题。

二、有限效果论

20 世纪 40 年代初到 60 年代，是"有限效果论"阶段，这是一种明显的"弱

效果"。拉扎斯菲尔德和贝雷尔森合著的《人民的选择》，提出"两级传播"和"意见领袖"概念，更被认为是"有限效果论"的开端。拉扎斯菲尔德把"两级传播"定义为"意见一般经过报纸或电视传递给意见领袖，再从意见领袖传递给被动受众"，并声称意见领袖比宣传效果更加强大。它基本上还是遵循"刺激—反应"模式的研究框架，把传播当作一个劝服过程，强调传播对个体的影响以及人际传播效果。实验心理学家霍夫兰则运用"控制实验法"对传播的"说服"效果进行量化研究，得出"大众传播在改变受众态度方面的效果不明显，但在增强受众的认知方面却异常突出"，再次印证"有限效果论"。

"有限效果论"在这二十年里红极一时，此后的"创新与扩散"理论、"说服"效果的探讨都遵循着有限效果模式。

三、强大效果理论

20 世纪 60 年代以后，强大效果重回历史舞台，以议程设置、涵化、使用与满足、沉默的螺旋等理论的诞生为代表，传播效果研究迎来了"受众"本位的回归。为了回应贝雷尔森对传播效果的消极论断，卡茨在 70 年代正式提出了"使用与满足"理论，倡导研究视角转向受众，旨在从受众动机层面研究效果问题。该理论认为，受众接触媒介根本的动机是需求，希望从中得到满足。由于复杂的人类需求和行为及不断变化的媒介环境，使用与满足这一开放性理论也在经历不断深化和完善的过程。塞弗林和坦卡德曾评价说"使用与满足理论真可谓是一剂健康的解药，来解救那些早期过度强调受众被动性和劝服效果的主宰性研究"。同时，"使用与满足"理论把以往被"传播者的意图"所隐匿的"受众的需求"提到了更高的位置，更加注重对于媒介供应者而言的受众的主动性与挑战性，主张从受众角度开展研究，从此使"主动的受众"观念深入人心，正是在这个意义上，它被某些学者奉为传播研究中一次"典范的转移"，用托马斯·库恩的话讲，就是一场"范式革命"。

这种转移，不仅拓展了学者的研究视野，同时也把受众的权益提到了更高的关注点,把"受众为媒介所用"转变成"媒介为受众所用"的话语。然而,"使用与满足"理论离终点还有很长的距离,这不过是万里长征的一个起点罢了。卡茨等人认为今后的研究基本上遵循三个路径:一是延续一直以来的功能研究,即对功能、满足、需求等几个核也概念的研究;二是承接传统意义上的效果研究;三是以此为开端,展开全新的研究,例如研究媒介使用对受众社会角色改变等其他方面的影响。[①]

四、网络舆情传播效果研究

网络舆情具有强劲的突破性和渗透力,引爆了很多的社会热点议题。因此,学者对其基本理论、预警机制、传播效果等做了诸多研究。研究视角包括网络舆情视域下传播效果理论的变化和思考、微博中的舆情影响效力以及舆情传播影响因素研究等等。

例如有学者提出,网络舆情因其传播模式的网状化、传播内容的开放化、传播主体的隐匿化以及传播手段的个性化等特征,使得经典的传播效果理论受到了巨大冲击和挑战。尤其是"把关人""沉默的螺旋""使用和满足"等理论所强调的观点或假说,在网络舆情信息传播实践中,有的得到了印证和加强,而有的却出现了背离和不适应,故学者试图重新审视和构建新的理论体系,使之与网络舆情信息传播相适应。例如,有学者构建出了网络谣言对网络舆情的影响模型,研究了网络谣言和公共危机事件传播的制约因素,提出降低网络谣言对网络舆情之影响对策,为政府应对公共危机事件网络舆情提供参考。此外,很多学者还研究了突发公共事件中网络舆情的影响因素,将网络舆情的作用因素分为社会敏感性、公共性等内源动力与外源动力。

---

① 王颖.传播效果的发生范式及其嬗变对我国当代传播学的启示,15 页

五、微博和微信传播效果研究

2010年起，微博逐渐成为热门的研究话题，而有关微博传播效果的研究则涵盖了微博意见表达的作用、微博中意见领袖的传播效用、微博营销的传播效果、企业及政务微博在危机管理和形象构造中的效果研究等内容。

首先，微博对新闻传播的影响及微博意见表达等相关问题备受研究者关注。在微博中，用户掌握着信息传播和获取的主动权，根据个人的需求来选择想要关注的内容。而在微博意见领袖的研究方面，有研究者将社会网络分析模型应用于对微博多元嵌套意见领袖模式的分析之中，结果显示，意见领袖通过强弱关系中信息和意见的生产与再生产竞争来对微博舆论产生影响。此外，政务微博的传播效果近年来也是学者们关注的热点。其中，有不少学者对政务微博在危机传播、政府形象和公信力建构、社会事件等问题上所发挥的影响做了深入的探讨。他们提出，微博能够弥补传统媒体传播速度较慢及可选择性差等问题，有助于政府形象的即时塑造和修复，但微博信息难辨真假，又具有强大的舆论煽动性，不利于提高政府公信力。

继微博之后，微信的出现再一次刷新了信息传播的新篇章。2011年腾讯推出微信后，用户数快速飙升。因此，微信也成了研究者关注的对象。除单独研究微信之外，也有学者将微信与微博进行对比，研究点主要集中在微信对人们社会交往、新闻传播及商业传播效果等三个方面。有学者提出，"微信自身的传播特性决定了它将对传统的新闻传播模式和效果产生新一轮的冲击"。最后，微信凭借其精准性、即时性、强黏性等优势，在商业传播领域备受青睐。有学者提出，微信应用于营销具有内容优势、成本优势、受众优势和推送优势。

第二节　新媒体传播效果——传播秩序的重建

一、传播时效性、广泛性增强，信息到达率高

新媒体技术的运用极大地加快了信息的传播速度，数字化、智能化的传播渠道对信息的解读与编码在短短数秒之内即能完成，简单化、生活化的内容大多不再需要复杂的剪辑和烦琐的后期制作与排版，有效地降低了成本。信息的快速传播增强了信息的时效性，极大地提升了现代社会信息的传播效率，时空的距离被缩短到最小。由于庞大的、积极主动的受众群体，快速的信息传播也极大地提升了传播内容的到达率，受众通过各种新媒体设备随时随地地接收信息，并通过受众的人际传播或网络共享等，扩大信息的传播范围，在高速的信息网络中实现信息传播速度、范围、到达率的最大化，具有传统媒体不可比拟的强有力的传播效果。

二、媒介环境的改变与传播秩序的重建

新媒体传播"去中心化"的特点极大地改变了传统媒介环境，导致了传播过程中媒介话语权的重新分布。传统媒体中强势的权力因素，如意识形态、利益集团、强势主体等的主导权被日益削弱，平民化、草根化、个性化主体的作用越来越明显。传播过程中传统的等级区分在平等的新媒体平台上不复存在，新媒体传播营造了更加民主平等的传播氛围，个体也拥有了更加自主的传播权力。以新媒体为中心的新传播秩序正逐渐被构建并完善起来，复杂、多层次、自由的特点比较明显，同时，在新媒体传播的秩序框架下，媒介之

间的竞争也愈加激烈。

三、"蝴蝶效应"——信息井喷，干扰强烈

1963 年，美国气象学家罗伦兹实验过程中发现，由于误差会以指数级增长，所以一个微小的误差随着不断推移将会造成截然不同的后果，他称其为"蝴蝶效应"，通俗的解释是：南美洲蝴蝶拍拍翅膀，将使北美洲几个月后出现比狂风还厉害的龙卷风。

今天，"蝴蝶效应"内涵扩展，指对于一切复杂系统，在一定的"阈值条件"下，初值稍有变动或偏差，将导致未来前景的巨大差异，这往往是难以预测的或者说带有一定的随机性。

新媒体传播就呈现出明显的"蝴蝶效应"，新媒体传播具有互动性、开放性、主动性、跨地域性、草根性等传播特点，好的、正面的东西固然能积极传播，新媒体更是危机的放大器，任何人都可通过新媒体随便地发表评论，使得危机传播的风险性成倍地放大。[1] 突发事件具有瞬间性、非预期性、破坏性等特征，处理得好可能转危为安. 处理不当则会演变成一场严重危机。网络舆论的原因很多极为偶然，有时甚至是主观臆想的推测，由于网络舆论易于出现群体极化特征，从而很可能向不合理的极端方向发展，对社会造成不利影响。[2]

海量的信息同时也带来诸多问题，如信息泄露、信息污染、信息犯罪等。网络上充斥着不健康的、暴力的信息。此外，由于多样化的网络信息，人们在搜索引擎中常常会检索到重复的信息或者被迫在社交网站上阅读各种重复的信息，屡败屡战在宽广的新媒体世界里，信息纷繁复杂，相互之间的干扰较大，传播过程中的谣言、偏颇性影响了信息的传播效果，信息在传播过程

---

① 李竹君. 传播效果理论及新媒体传播研究, 中国报业, 9 月下刊, 18 — 19 页
② 匡文波. 论新媒体传播中的"蝴蝶效应"及其对策［J］, 国际新闻界, 2009 年第 8 期, 73 — 74 页

中也容易受到多种渠道的信息的扭曲。信息间的不一致与信息的重复拖延了信息有效传递的时间，一定程度上削弱了信息传播的效果。

新媒体具有传统媒体无法比拟的优势，包括海量信息、时效优势、打破地域、互动性强、多媒体化等，同时，新媒体舆论传播也存在一些与生俱来的劣势，如缺乏权威性、缺乏公信力、易走向极端、不易控制等。

四、传播高效化、国际化

在新媒体时代，人类"地球村"的梦想变为现实。人们可以通过网络等新媒体，零时差、全天候地接收世界各地的信息。因此，新媒体突破了传统媒体传播时效的壁垒，实现了高效化、国际化的通信狂欢。

一方面，新媒体的传播时效呈现高效化的特点。众所周知，传统媒体在社会思潮的传播上存在"成本大""周期长"的问题，其传播、发行等均受到时效的限制。但在新媒体时代，数字化的传播手段和智能化的发布模式，省去了传统媒体庞杂的内容制作过程，使社会思潮的内容信息可以做到即时传送、随时刷新。而且，新媒体传播不再强迫受众在传播者指定的任何时间接收信息，受众可以在任何合适的时候上网调阅查询相关报道。这和传统媒介顺序播出、过时不候的传送方式相比，显然，传播权力再次从传播者手中转移到了受众手中，实现了传播效果的最大化。

另一方面，新媒体传播时效体现国际化的特征。新媒体逾越了空间的阻隔，使内容信息实现了真正意义上的全球共享和国际交融。因此，新媒体空间上的开放性极大推动了新媒体在地域上的全球覆盖，拓展了信息传播的广度和深度。新媒体信息发布趋于零时间障碍，真正实现无时间限制、随时加工发布信息。

以移动互联网为依托的传播载体，以各类信息微型化、即时性扩散、国际化为主要特性的传播方式构成了最主要的传播特点。

第三节　新媒体环境下议程设置理论分析

一、议程设置理论

1. 议程设置理论问世

议程设置这一概念最早源于美国的沃尔特·李普曼。李普曼在 1922 年出版了《舆论学》一书，该书被公认为是传播学领域的奠基之作。李普曼在书中提出柏拉图洞喻，他引用苏格拉底的话写道："不管我们队居住环境的认识有多么间接……只要我们相信关于环境的图像是真实的，我们便将它作为环境本身来对待。"之后，李普曼在"柏拉图洞喻"的基础上，提出了"拟态环境"概念，即我们的行为是对这个拟态环境的反应，而并非对真实环境的反应。李普曼认为，受众所认识的世界是由媒介参与构建的虚拟世界，应该区分真实环境与拟态环境，这无疑肯定了媒介影响受众的力量。

不过，此时的"议程设置"仍处于萌芽状态，是一个模糊的概念。

1963 年，伯纳德·科恩出版了《报纸与外交政治》。科恩在书中简洁地说道，新闻媒介在告诉人们"怎么想"方面可能并不成功，但是在告诉人们"想什么"方面则异常成功。

2. 议程设置理论的发展

1968 年总统大选期间，在北卡罗莱纳州教堂山进行的民意研究中，美国的马尔科姆·麦库姆斯与唐纳德·肖通过实证研究发现，传播媒介作为"大事"加以报道的问题，同样也作为大事反映在公众的意识中；传播媒介给予的强调越多，公众对该问题的重视程度越高。根据这种高度对应的相关关系，麦克姆斯和肖认为大众传播具有一种形成社会"议事日程"的功能，传播媒介以赋予各种议题不同程度"显著性"的方式，影响着公众瞩目的焦点和对社会环境的认知。[①]

1972 年，这两位的《大众媒体议程设置的功能》(The Agenda-Setting Function of Mass Media)一文发表。此后每年都位居被引用最多的论文前十名。

2011 年，世界舆论研究协会授予肖和麦库姆斯海伦·迪纳曼奖，称赞他们影响了整个学界看待媒体和舆论的思维模式。

基于几十年的第一级和第二级议程设置效果研究，网络议程设置成为近年研究的新领域。第一级议程设置研究是由麦库姆斯和肖在 1972 提出，其基本假设为：在政治竞选中，大众媒体报道的议程将影响选民选择关注哪些政治问题。也就是说，第一级议程设置研究探讨政治议题在媒体报道中的显著性与选民关注度的显著性的相关程度。之后不久，肖和麦库姆斯在 1977 年对 1972 年数据的后续研究中提出，不仅仅新闻议题的显著性会影响大众感知，媒体对新闻事件特征描述的显著性也会传递给公众。媒体如何报道事件的特点以及报道所持的立场（支持、反对或中立）都会影响公众对事件的感知。这便是第二级议程设置研究，也称为"属性议程设置"。他们在第一级和第二级基础之上又提出了第三级议程设置假设，肖和麦库姆斯称之为"网络议程设置"。

第一级和第二级议程设置假设媒体所传递的新闻事件和新闻事件属性的显著性是彼此分离的，与之相比，第三级议程设置理论则认为新闻事件和特征的显著性是成批传递给公众的。换句话说，新闻媒体不仅告诉我们"关注哪条新闻"（第一级议程设置效果），以及"如何看待它"（第二级议程设置效果），还告诉我们"如何将事件联系起来"。麦库姆斯认为，第三级议程设置的理论基础根源于卡普兰（Kaplan，1973）和安德森（Anderson，1983）的相关性记忆网络模型，即卡普兰所提出的"认知地图"（1973）和安德森提出的"认知结构"（1983）。记忆网络模型认为，人们在理解社会现实的时候，通常

---

① 夏晓辉. 新媒体语境下的受众角色转换，科技传播，2016 年 22 期

会将不同的事件元素在头脑当中联系起来，以形成沃尔特·李普曼所谓的"我们的脑海中的图景"。从大众媒体那里，人们获取信息，体验新闻事件，这样在一天结束时，头脑当中所形成的关于新闻事件的图景是由各种零散信息拼接而成的完形（格式塔，Gestalt）。第三级议程设置的核心即为格式塔视角在议程设置理论的延伸。

到目前为止，第三级议程设置的效果已经得到了实验结果的支持。麦库姆斯提到金（Kim）和麦库姆斯 2007 年对竞选候选人在报纸和选民心中形象的研究，在对这个起初是第二级议程设置效果的研究进行再次检验的时候，发现网络议程设置的效果统计关联性达到 0.67，和原先所发现的第二级议程设置效果——特征关联性 0.65 的结果十分相近。这个领域最近几年出现了几个高质量的研究成果，比如瓦戈等人（Vargo et al.，2000）对 2012 美国总统大选在推特（Twitter）平台上议事日程的研究，以及洪乌、郭蕾和麦库姆斯（Vu，Guo，& McCombs）对 2014 年度头条新闻与公共议程的网络比较。这两项研究都显示媒体议程和公众议程之间存在着显著的网络关系关联，支持了第三级议程设置假说。

从方法上讲，新闻事件和属性关联所产生的大数据可由电脑协助分析。[1]

新闻事件和关键词可以通过对垂直和水平媒体上的内容进行随机抽样评估来确定。电脑可以辅助频率分析、属性分析和网络分析，从而测量新闻议题和属性之间关联的强度。对议题网络聚合特征的分析将为我们描述个体新闻事件如何单独以及伴随其他新闻议题在媒体议程当中出现。麦库姆斯预计未来大数据分析将为第三级议程设置理论提供更多的实证数据，丰富人们对这个理论假设的理解。

---

[1] 周树华、张雪莹.议程设置理论，潮，2015 年 5 月

二、新媒体环境下议程设置理论的变化

（一）议程设置的主体从简单变复杂

新媒体的应用和发展，让受众拥有越来越多表现自我的机会。以前，传统媒体是议程设置的主体，受众只能从传统媒体获取信息，设置自己的议事日程。新媒体环境下，不同领域的网红、草根明星、娱乐明星、学科带头人等成为网络意见领袖，这些人拥有庞大的粉丝群体，他们的意见表达会影响其粉丝群体的意见走向，逐渐成为别人议程的设置主体。新媒体环境下，社会发声者的"言论"影响力被无限放大，他们有的是行业带头人，有的拥有庞大的粉丝群体，都具有强大的社会号召力，社会中不同的"声音"交会在一起，媒体设置议程不得不考虑这些"声音"。从一定意义上来讲，传统媒体不再是唯一的"发言人"，传统议程设置主体单一的局面被打破，受众选择议程设置主体的自主性得到提升。

新媒体技术的发展，促使受众拥有更宽广的信息渠道和话语空间，受众不用再受限于单一的媒介接触，受众的地位与传统媒体的地位都发生着微妙的变化。随着受众自身信息发布能力的增强，受众媒介使用意识也在觉醒。网络环境下，观点有了真正意义上的自由市场，通过自由市场的选择，受众有机会参与到各类议程设置中，自身话语权得到进一步实现。受众利用新媒体来展示自己的观点，发表自己的看法，这些观点和看法一旦形成强大信息流，通过网络超强的传播力，信息流便能够扩散形成网民合意，受众自然而然充当网民群体中的"意见领袖"，最终成为这一议程的设置主体。每个人手中独有的信息一经发布，都有可能成为别人议程上的首要议事。

（二）议程设置的议程更替速度加快

新媒介技术的不断迭代更新，新媒体传播的便捷，使受众获得越来越多的话语权。不同领域的"意见领袖"借助自身的影响力逐渐探索有别于传统媒体控制下的议程设置，打破大众传播媒介对设置媒介议程的垄断。[1] 议程设置主体变得越来越复杂，他们利用新媒体设定议题，同时不断更新所设定议题的内容，在一定程度上影响传统媒体的议程设置，逐渐促使整体舆论环境发生改变，进而影响了议程的更替速度。

中国互联网络信息中心（CNNIC）2016 年 12 月发布的第 39 次《中国互联网络发展状况统计报告》显示，截至 2016 年 12 月，中国网民规模达 7.31 亿,互联网普及率达到 53.2%。[2] 在中国有 7.31 亿受众有能力在网络上消费或者发布信息，新媒体使用的低门槛，信息获取的便捷性，网民话语权的表达欲，都会使议程更替速度受到或多或少的影响。更多的受众成为新媒体用户，有的成为新晋"网红"，变成别人的议程设置的主体，日益增多的议程设置者必定会加快新媒体用户议程的更替速度。与此同时，媒介生存环境不断改变，新媒介环境下受众注意力资源变得更加宝贵，受众流量备受重视，以受众为中心的观念逐渐占据新媒体主流。大众化传播向小众化传播转变，大众传媒主导的时代渐行渐远，"分众"时代到来。在这样的环境下，议程的起始点变得复杂多样，议题更新速度加快，议程更替速度自然就会变快。

（三）受众议程反作用于媒介议程

新媒体环境下，网民的议程设置虽然是零碎分散的，但不意味着毫无价值。众多被个人激发的议题最开始都是在小群体中传播,经过多重转发、分享、关注之后，知晓该议题的公众越来越多，随着该议题吸引的公众注意力增多，议题的影响不断扩大。[3]

当个人议程吸引足够多的注意力的时候，"进阶"成为公众议程，自然

---

[1] 翟永威.浅析新媒体视域下议程设置的新变化,新闻研究导刊,2016 年第 4 期，第 100 页

[2] 中国互联网络信息中心.中国互联网络发展状况统计报告,2016 年 12 月，https：// www.cnnic.cn/hlwfzyj/hlwxzbg/hlwtjbg/201701/ t20170122_66437.htm

[3] 赵雅文、王松.新媒体环境下议程设置的"流向"变革，新闻战线,2016 年第 3 期，第 57 页

而然也吸引了媒体的注意力，成为媒体议程。当公众议程进入媒体视野，网民的议程设置与媒体的议程设置形成互补和对接，能够推动公众普遍关心和重视的事件的解决，加深公众对这一问题的认识，强化传播效果，刺激媒体再次关注，最终形成更多受众的议程。不过，无论某一议程设置最先是来自于媒体议程还是个人议程，其最终能够在新媒体环境中成为显著议程，一定是公众关注度较高的公众议程。受众注意力一直都是媒介为了获得议程上的一席之地而抢夺的资源。

新媒体环境中，受众自由选择度更高，受众的注意力变得更为宝贵。在激烈的媒介市场竞争下，媒体倍加重视受众意见走向，关注受众的一举一动，以期设置符合受众议题取向的议程。媒介议程与受众议程就像是一场博弈，一种长时间的博弈、短时间的契合状态，新媒体能够更好地体会到受众的"民意"，会使用更多的技巧在潜移默化中影响受众的议程。[①]受众议程与媒介议程相互作用，相互影响，既实现了受众的议程设置诉求，又完成了媒介信息传播的需求。

（四）主流媒体议程对网络舆情的引导力增强

新媒体环境下的信息传播，并不是十全十美的，由于网络的匿名性，信息的多样性，传播主体的复杂性，传播速度的不可控，在网络上汇聚而成的主流意见不都是理性声音的表达。全民传播有可能是谣言的爆炸扩散，全时传播有可能成为社会大众恐慌的源头。新媒体的议题设置主体更多、议程设置也更为复杂，受众辨别力受到考验，真假难辨的信息、谣言、偏激报道等都是使网络舆论走向"偏道"的因子。主流媒体拥有庞大的受众基础，具有强大的公信力，在舆论反转、信息真伪、辟谣等方面，主流媒体的意见传播对于稳定网民情绪、引导网络舆情转向有积极作用。网络言论的发布者与接收者的言语表态，能够汇聚成网络主流舆论，这时主流媒体的议程设置对观

---

① 　王思文.媒体议程设置与网民议题建构的互动与博弈，科技传播，2015年第10期，第13页

点的推动、意见的表达、情绪的安抚等都具有强大的导引作用。当网络舆论引发社会不安的时候，主流媒体的议程设置以及意见表达成为众多媒体的风向标，在舆论引导方面主流媒体扮演着其他媒体无法替代的重要角色。

新媒体环境下，主流媒体在信息浪潮中逐渐从信息传播者转变为意见传播者。主流媒体对于议题的选取、议程的设置更多地承担着对新闻事件的分析和解读责任。二次传播过程中，不制造恐慌、不传播未经证实的信息，成为公共议程中主流意见的塑造者。当然，在复杂的信息环境中，主流媒体需要时刻保持清晰，增强自身权威性，议程设置要承担更多的社会责任，这样才能继续在网络舆情走偏的时候，及时发挥重要作用。

任何一个理论研究，都存在特定历史环境的局限性，对于相关理论的研究应当更多地考虑现实环境。随着媒体环境的改变，议程设置理论正在通过新方式作用于媒介，影响受众，其内涵在一定程度上得到了丰富和延伸。新媒体环境下议程设置理论的变化研究具有重要的现实意义。

第四节　沉默的螺旋理论效果分析

"沉默的螺旋"理论由德国女社会学家诺依曼提出，是一种考察大众传播与社会舆论关系的理论。

诺依曼的假说由三个命题构成：第一，人为了避免陷入孤立状态，当发觉自己属于"多数"或"优势"意见时，他们更倾向于积极大胆地表明自己的观点；当发觉自己属于"少数"或"劣势"意见时，一般人就会屈于环境的压力而转向"沉默"或附和。第二，意见的表明和"沉默"的扩散是一个螺旋式的社会传播过程。一方的"沉默"造成另一方意见的增势，使"优势"意见显得更加强大，这种强大反过来又迫使更多的不同意见转向"沉默"。第三，大众传播通过营造"意见环境"来影响和制约舆论。舆论的形成不是社会公众的"理性讨论"的结果，而是"意见环境"的压力作用于人们惧怕被孤立的心理，强制人们对"优势意见"采取趋同行动这一非合理过程的产物。

在新媒体环境下，诺依曼的这一理论是否依然成立呢？我们可以对照诺依曼"沉默的螺旋"假说的三个命题分别进行分析。

首先，新媒体为大家提供了多元、复杂的意见平台，能容纳不同的声音和意见，这让每个人都能大胆地说出自己的观点。表面上看，持"少数"或"劣势"意见者可以不再"沉默"，能够利用网络等新媒体大胆发表自己的看法。然而网络世界是真实世界的投影，是现实社会的拷贝。即使在网络世界里，个人的观点仍和现实息息相关。在新媒体平台，仍然需要人际之间的交流，人们通过跟帖、关注、点击、评论等方式发表对某人某种观点的看法。当个人意见在网络上提出后，如果不能符合多数人的观点，他依然会遭到无视、批评甚至反对，因此即使在新媒体环境下，"少数"或"劣势"意见要想形成有影响力的舆论依然很难。在这种情况下，人们的趋同心理、惧怕被孤立的心理依然存在。

网络空间中社会孤立的动机并没有消失，网络群体对个人的压力方式有变化，强度有所减弱，从众心理动因依然存在，从众现象依然普遍，尽管表现形式有所变化．但"沉默的螺旋"并没有从网际消失。

其次，在新媒体时代，意见的表明和"沉默"的扩散依然呈现一个螺旋式社会传播过程。只不过这一过程受到新媒体的影响，呈现得更加直观，过程也稍有曲折。人人都成为一个"自媒体"，人人都可以发出自己的声音。这一变化让"沉默的螺旋"形成的最开始并不"沉默"。然而因为网络是现实的投影，从事网络活动的依然是具有趋同心理的人类，所以当持"少数"或"劣势"观点的人发出不同声音后，依然会面临受到孤立的危险，也依然会感受到被孤立的恐惧，最后的结果仍然是——一方的"沉默"造成另一方意见的增势，使"优势"意见显得更加强大，这种强大反过来又迫使更多的不同意见转向"沉默"。在新媒体时代，"沉默的螺旋"依然有形成的条件。新媒体环境并没有完全改变这一现实。

第三，新媒体为人们发布、获取信息，发表观点和看法，提供了十分有利的平台。然而也正因如此，面对浩如烟海的信息、纷纷扰扰的观点，人们往往无从选择也无从判断。新媒体的公信力在人们心目中，仍然比不过传统媒体。报纸、电视、广播等传统媒体，依然是人们信赖的信息源，依然是制造舆论的主战场。调查显示，我国网民中随意浏览的居多，休闲动机突出，网络上的热门话题进入公众视野或成为社会焦点，也大多是在传统媒体报道之后。

传统媒体的舆论影响力依然巨大，依然能够成为"沉默的螺旋"的重要制造者。近几年，传统媒体不断顺应新媒体时代的潮流，在信息采集、信息传播等方面不断完善，以应对新媒体环境对传统媒体的影响。在新媒体环境下，"沉默的螺旋"理论对传统媒体依然有着重要的指导意义。然而如何在新媒体环境下，更加辩证地掌握这一理论，值得媒体人深入探讨。

第五节　知沟理论

一、"知沟"理论简介

20 世纪 60 年代，美国政府试图通过大众传播和其他手段来改善贫困儿童的受教育条件。其中一个项目是一部题为《芝麻街》的儿童启蒙教育电视系列片，目的是利用普及率已经很高的电视媒介来缓解贫富儿童受教育机会的不平等。按照人们的一般观念，大众传播媒介的普及可以改善知识传播和受教育的条件，缩小社会各阶层和群体之间的差距，从而实现社会公平与进步。但后来的研究却表明，尽管《芝麻街》播出后对贫富儿童都产生了良好的教育效果，但富裕儿童对节目接触和利用显然远高于贫困儿童，节目实际上是扩大了两者的差距。这说明，尽管大众传播将同样的知识或信息传送到每一个角落，人们在接触和利用的机会上并不存在公平与否的问题，但它所带来的社会结果并非如此。

1970年，美国学者蒂奇诺等人提出了"知沟"理论："由于社会经济地位高者通常比经济地位低者更快地获取信息，大众传媒传送的信息越多，这两者之间的知识鸿沟也就越有扩大的趋势。"蒂奇诺认为，造成"知沟"扩大的原因主要有接触媒介和学习知识的经济条件、传播技能上的差异、信息的选择性接触、理解和记忆的因素等。上述无论哪一方面，社会经济地位高的阶层都处于有利的地位。

新媒体时代，"知沟"理论又有了新的发展，即"数字鸿沟"，体现为以互联网为代表的新数字媒体接触和使用状况的四种差异：Access（获取）、Basicskills（技能）、Content（内容）和 Desire（意愿）。

二、新媒体在缩小"知沟"的优势

随着新媒体逐渐取代传统媒体，新媒体的各种特性使人们更愿意相信，技术的进步将逐步实现知识和信息的平等，从而给人类带来真正意义上的平等和自由。相比较传统媒体，新媒体在缩小"知沟"方面的优势更为突出，主要表现在以下几个方面。

1. 新媒体降低了获取信息和知识的门槛

新媒体技术的发展使得智能手机日益普及，针对手机开发设计的各种功能繁多的 App 客户端更使手机如虎添翼，用户只需一部手机和移动网络就可以满足生活、娱乐、学习、办公等多方面的需求。手机已经成为大众生活的必需品而非奢侈品。便携性和高速的网络使得手机用户随时随地上网成为一种可能，无线 Wi-Fi 则进一步提高了上网的速度，打破了数据流量高昂的费用限制，从而提高了手机的使用频率，这些都打破了获取信息的空间和时间的限制，能够帮助人们充分利用每一刻的闲暇时间。所以，第一道"数字鸿沟",也就是经济实力所导致的人们在接触和使用基础设备上的差距正在逐步缩小。

2. 新媒体强大的搜索引擎功能和信息的海量性

新媒体时代的网络才是真正意义上浩瀚无边知识的海洋,它几乎能够包含受众所需要的所有知识和信息。以网易公开课为例,其课程涉及自然科学、社会科学、人文科学等多个领域,包含了文学、艺术、哲学历史、物理、化学等十门学科,如此庞大的知识宝库以网络为存储及传播载体,消耗的成本仅是传统模式的九牛一毛。

新媒体强大的搜索引擎更是降低了知识的门槛,用户只需要动动鼠标和键盘就基本可以获得自己想要的内容。新媒体强大的搜索引擎功能和海量的信息降低了信息接触和传播的门槛,对于缩小知沟明显是有利的。

3. 新媒体的互动性和开放性意味着人们有着平等

传统大众传播媒体的受众虽然是社会上的一般大众,信息和知识的传播具有跨阶级、跨群体的社会影响,但其为单向性很强的传播活动,受众只能在其提供的范围内进行选择和接触,并缺乏直接的反馈能力。新媒体的出现则改变了受众这种被动的地位:在新媒体时代,参与的门槛降低了,每个人都可以在网络上发出自己的声音,并被一部分人所关注。

三、日益扩大的"第二道数字鸿沟"

提出"数字鸿沟"这一概念时,互联网刚刚兴起,设备和网络接入价格不菲,只有社会经济地位较高的阶层才有条件使用,那个时期的数字鸿沟主要是指"第一道数字鸿沟",即互联网接入的鸿沟。随着新媒体技术的发展,数字鸿沟悄无声息发生着变化,"第一道数字鸿沟"将随着经济、技术发展和政府扶持等因素逐渐减小,互联网使用水平的差异导致的"第二道数字鸿沟"——"使用沟"将会越来越明显。体现在以下方面:

1. 媒介素养差异导致的"知沟"

新媒体在融合传统媒体多种功能的基础上，又扩展了许多新的内容，这使得媒介的娱乐性大大提高，吸引了受众的注意力。对于大多数社会经济地位低的受众来讲，新媒体的娱乐性要远远大于其媒介性。仅以网络游戏为例，现实中沉迷于网络、手机游戏不能自拔的青少年数不胜数。

2018 年 1 月 31 日,中国互联网络信息中心(CNNIC)在京发布第 41 次《中国互联网络发展状况统计报告》(下称《报告》)。报告显示,截至 2017 年 12 月,中国网民规模已达 7.72 亿。农村地区手机支付、购买互联网理财产品的网民数、电子商务平台收入同比均增长 30% 以上。报告中指出，截至 2017 年 12 月，我国网民规模达 7.72 亿，普及率达到 55.8%，超过全球平均水平（51.7%）4.1 个百分点，超过亚洲平均水平（46.7%）9.1 个百分点。全年共计新增网民 4074 万人，增长率为 5.6%，我国网民规模继续保持平稳增长。手机游戏使用率很高，在课堂上、会议上、餐桌上，低头玩手机已经成为常态。

新媒体的普及不仅没有增加受众充分利用手机等资源获取信息学习知识的时间，反而让一部分非理性的受众在功能多样的新媒体中失去了自我，占用了其真正可以缩短"知沟"的时间和精力。

2. 个人文化素养的差异导致的"知沟"

新媒体时代的"知沟"扩大的现象，不仅存在于个人使用接触信息和知识意愿上的差别上，还存在于个人文化素养的差异上。传统大众传播媒体所提供的是由专业的媒体工作人员整理过的有序的信息，经过了二次甚至更多的加工，从而保证了信息和知识的质量。而新媒体时代，即便是类似于传统媒体的门户网站，每天的信息更新量和速度都是惊人的，如何从冗杂的信息中去粗取精、去繁入简是网民们每天都需要面对的问题。门户网站之外其他网站，信息更是以无序的方式大量存在。另一方面，信息垃圾和信息泛滥日益为人们所关注，网络谣言几乎无处不在，涉及医疗、食品安全、健康、政治、国际关系等诸多领域，且这些谣言大多都披着科学的外衣，更增加了受众分辨的难度。文化素养低的受众不具备在浩瀚无边真假难辨的信息中搜寻有价值信息的能力，更不具备科学的理性的思维方式去伪存真、去粗取精。受众的互联网使用技巧将直接决定受众的互联网使用效果，显然无论是在搜寻有用信息还是辨别信息真伪方面，知识水平和受教育程度较高的受众都占据优势。

3. 传播内容导致的"知沟"

新媒体的开放性和互动性虽然打破了传统媒体时代只有少数传播者为中心的局面，但在传、受双方的关系中，大众媒体以其专业化的生产手段、可靠的信源和有效的机制，始终处于强势地位。在激烈的媒介竞争中，受广告主和其他客观因素的影响，大众媒介总是为社会主流人群服务的，它们看中的是其经济上的强势地位和实际影响力。许多高深、晦涩的内容不可能为知识水平和阅读能力低的群体所理解和接收。

新媒体的发展，改变了人类的生活方式，促进了知识的传播，在一定程度上缩小了原先存在的知沟，但隐藏在这种表面之下的，却是社会经济地位差异带来的更大的落差。因此，我们不得不面对这样的事实：也许在某些特定知识方面，或相对于少数受众而言，新媒体确实有助于"知沟"的缩小，但从知识总量和全社会来看，新媒体却以其快速、高效、便捷的媒介优势进一步加剧了知识分布的不均衡。

本章作业

1. 简述"沉默的螺旋"理论在新媒体时代存在的原因。

2. 简述新媒体时代"知沟"形成的主要原因。

3. 试论述新媒体环境下议程设置理论有哪些变化？

第七章　新媒体传播理论

第一节　合众传播

在对前人理论继承与否定的基础上，笔者提出了全新的新媒体传播理论——"合众传播"理论，并在此基础上分析新媒体传播模式、新媒体舆论特点及新媒体受众理论。

纵观人类社会传播史，不同历史时期有不同的发展特点，呈现出不同的特征，从辩证法的角度分析，笔者尝试提出，人类社会的传播史可以说是经历了并正在经历一个黑格尔的"三段式"发展阶段。

一、辩证的肯定——人际传播阶段

所谓人际传播一般是指人们相互之间面对面的亲身传播，所以又称面对面传播，人对人传播。人际传播的实质在于人们经由符号而结成一种关系。如亲属关系、同事关系、朋友关系、爱人关系等，人际传播就属于这众多关系中的一种。[①]

用施拉姆的话说，就是"两个人（或两个以上的人）由于一些他们共同

---

① 李彬.传播学引论［M］，新华出版社，2003年8月版，147页

感兴趣的信息符号聚集在一起"就叫人际传播。通俗点说，人际传播是两个或两个以上的人之间借助语言和非语言符号互通信息、交流思想感情的活动。人际传播需要在一种相同、相通或相似的经验范围内进行，否则就会导致传而不通。

"前媒体时代"主要靠人际传播来进行，人际传播是一种典型的"点对点"的传播方式，是个体与个体之间的沟通，通过语言、非语言符号等实现信息的传递与沟通。它具有自发性、自主性、隐私性、封闭性和双向性等特点，是一种自我表达和相互认知的活动。

笔者要强调的一点是，即使是在人际传播时代，大众传播也并不是完全不存在，只是存在的范围较小。如极少数精英、统治阶层间通过出版书籍、讲学、会议等形式传递信息，亦是大众传播的一种，只是局限在很小的范围内。

二、辩证的否定——大众传播阶段

随着社会的发展，科技的进步，传播模式由人际传播进入大众传播。

1. 所处时代。一般而言，传播理论界把德国古登堡在 16 世纪发明金属活字印刷术作为人类进入大众传播时代的标志。大众传播可以分为传统大众传播时代和当代大众传播时代。传统大众传播时代是指从 19 世纪末到 20 世纪 60 年代，报纸、电台和电视相继出现，使得大规模、大批量生产和传播信息信息成为可能。在这个阶段，受众没有选择信息的机会和可能，每一个受众被动接收同样的信息。从 20 世纪 70 年代初到 90 年代末，随着人类社会和传播技术的迅猛发展，传播领域受众面临着丰富的信息内容选择，媒介形态、媒介内容都产生了巨大的变化，这一阶段是大众传播的鼎盛时期，即当代大众传播时代。

2. 大众传播载体。即现代报刊、广播、电视时代，和人际传播是分开的，割裂的，整体的。大众传媒的兴起是传统社会向现代社会转变的最为重要的特征，报纸杂志、广播、电视节目作为大众传播的重要载体，反映了人们的生存方式和思想变迁，是我国现代社会发展的记录和见证，同时报刊、广播、电视这些传播媒体也通过自身的文化传播影响和改变着人们的观念，是中国现代化进程的启蒙者和参与者。

3. 信息表现形式。报纸报道、广播节目、电视节目、杂志等。

4. 大众传播特点。大众传播的基本传播特征："大规模的传播与接收、单向传播、不对等的关系、非个人匿名的、有目的的或是市场性的关系、标准化的内容。"① "大众传播的特点是信息传递一点到多点，体现的是集体的、社会的、国家的意志。"② 普通受众要想实现真正媒介的接近权和使用权比以往更难。③ 大众传播时代，信息传播以传者为中心，受者是被动的。如电视和广播互动性天然不足。

大众传播是一种典型的"点对面"的传播方式，是一种完全组织化、制度化的社会传播。④ 它具有公开性、多向性和传播对象的广泛性和不确定性等特点。与人际传播相比，大众传播的反馈总是比较迟缓，模糊，微弱。

从人际传播到大众传播的拓展是传媒的进步，也是社会的进步。

在此，笔者要强调的一点是，进入大众传播阶段后，人际传播也并没有因大众传播的普及而销声匿迹，它在社会生活中同样存在着，只是"人际传播"和"大众传播"犹如两道平行线，它们各有各的轨迹。大众传播的门槛很高，人际传播很难进入大众传播领域，对社会的影响有限，人际传播很难进入。

三、否定之否定——"合分一体"融合传播阶段

纵观媒介发展的历史，每一种新的媒体形态的出现从来都不会消灭旧有

---

① ［美］丹尼斯·麦奎尔著.麦奎尔大众传播理论［M］，崔保国、李琨译，清华大学出版社，2006 年版

② 熊澄宇.从大众传播到分众传播［J］，瞭望新闻周刊 2004 年第 2 期

③ 何新华.新媒介环境下我国科技传播存在的问题及对策［J］，新闻传播学前沿——2007–2008，中国传媒大学出版社，2009 年 1 月版，203 — 209 页

④ 邵培仁.传播学［M］，高等教育出版社，2000 年 6 月第一版，第 35 页

的媒体，每一次技术革新与进步带来的是媒介形态之间的进一步竞争与融合，并在此过程中达到媒介生态的空前繁荣，呈现出全新姿态的媒介丛林风景。新媒体时代亦是，网络、手机等新媒体的迅猛发展，带领人类社会进入"大众＋分众＋小众＋人际"的融合传播时代，新媒体的出现，并没有使人际传播与大众传播就此消失，反而开拓了人际传播与大众传播的传播范围，形成"四位一体"的融合传播，具有更加深刻的内涵、更加丰富的内容、更加多元的渠道。

1. 融合传播时代

如果说，人际传播是哲学意义上的肯定阶段，那么大众传播的出现是对它实现了第一次哲学上的"否定"，是传播技术与传播形式上的一种超越与包容，而非简单使之销声匿迹。

事物发展进入哲学上的"否定之否定"阶段，新媒体的快速发展并没有对人际传播与大众传播进行简单的摧毁式的否定，大众传播与人际传播没有因此消失，而是实现了高度的融合与促进，互依互存，相互作用，相互影响，相互渗透，构成"大众＋人际"融合传播时代。传播过程发生重大改变，由过去以传者为中心变为受从积极主动，由以单品种传播方式转变为"大众＋分众＋小众＋人际"传播方式的融合，以"大众＋分众＋小众＋人际传播"的全面细化、全面融合和全面互动为主要传播特征。

2. 融合传播载体

网络、手机等新媒体，报刊、电视、广播等传统媒体，各种已有媒介技术的融合形成新的传播媒介。

3. 融合传播特点

在这个合众传播时代里，大众传播、人际传播成为现代传播的基本属性，传播更加全面细化，不同行业、地域的分众越来越多，分众化特征明显。传播内容与对象全面细化，全面分化，小众化传播也有庞大的市场，大众传播、分众传播、小众传播与人际传播各种不同的传播形态全面互动、互相影响、互相渗透、互相推动，融合成现代传播的独特风景。

四、合众传播是"大众＋分众＋小众＋人际传播"的融合性传播生态

（一）新媒体技术强化了大众传播的范围、速度、效果

网络传播兼具大众传播与人际、分众、小众传播的多重特点。手机等新媒体问世后，更加凸显这一融合传播特征。网络、手机等新媒体传播具有双重特性，它既是新的更加迅速、更加强大的大众传播媒介，也是新的更加迅速、更加强大的人际传播媒介；由于互联网的出现及其传播信息的使得性，分众、小众、人际传播都可以通过互联网轻易实现，甚或形成大众传播的效果，形成融合传播。

一方面，网络、手机等新媒体传播突破了大众传播时代大众化、非目标性、单向、区域传播的障碍，使现代传播实现双向和全球网络传播，传播广泛、有效、交互功能强大、实现即时通信等特点，使传播走向更加宽广范围的大众，强化了大众传播的特征；同时，网络、手机等新媒体使传播走向更加个人化、目标化，这一效果强化了人际传播的特征。

网络传播承载着明显的"人际传播"特性。WEB2.0、3.0技术的应用，广大受众不仅可以阅读网上的信息，更能轻松地肩负信息内容制作者、消费者和传播者的身份，网络可轻松实现既有一对一的交流。在这个充满主动权和互动性的平台上，受众群体具有在其他分众传播媒介中所达不到的自主分众传播和数字化传播。网络中的QQ、MSN等聊天工具都具有私人交流的性质。

网络传播可以轻易实现一对多的传播、多对一的传播及多对多的星状传播。网络给予了大众更多的选择自由，从目的性极强的自主搜索信息到不受空间限制的分享交流信息，大众传播的内涵被深度挖掘并实现。传统的媒体消费者之"被动的信息接收者、目标对象"的角色被搜寻者、咨询者、浏览者、

反馈者、对话者、交谈者等新角色所取代。[①]

小众传播可以借助网络，形成大众传播。新媒体技术在一定程度上强化了大众传播的范围、速度、效果，大众传播能力空前加强。

在合众传播时代，新技术条件下，借助网络、手机及卫星传输等技术，传播形态呈现综合化趋势，不同的传播手段实现大融合，媒介格局越来越走向多元化。

（二）新媒体技术促进了分众传播和小众传播

我国从 20 世纪 90 年代以来，传统大众传播媒体的分众化传播和发展趋势明显、受众分化和信息需求多元化加剧，各种大众传播媒体纷纷实施市场细分和分众化策略。1990 年，阿尔温·托夫勒在著作《权利的转移》中指出，当代大众传播的发展趋势是"面向社会公众的信息传播渠道数量倍增，而新闻传播媒介的服务对象逐步从广泛的整体大众，分化为各具特殊兴趣和利益的群体"。

分众传播具有明确的目的性，受众可以获得比较准确的信息并可以主动掌握、控制信息，受众可以更多地参与到信息的制作和传播中，既是信息的接收者又可能是信息的制作和传播者。分众传播进行专业化细分，符合受众群的不同需要。

随着消费主义浪潮及其现代化进程的发展，原来一元或二元的社会结构被打破，人们形成了越来越多元的价值观，整个社会呈现出多元化、异质化和去中心的特点。大众越来越难以找到共同关注的焦点和彼此沟通的话题，小众化传播便适时而生。[②]

对于"小众传播时代"，年轻学者黄旦博士在其著作《新闻传播学》中归纳的特点为："第一，内容更加专业化；第二，接收者更为自由、主动，富有选择余地；第三，传播者必须更加关心和了解接收者的各种需要；第四，

---

① 麦奎尔. 受众分析［M］. 刘燕南等译，北京：中国人民大学出版社，2006 年，157 页

② 李竹君. 传播效果理论及新媒体传播研究，中国报业，9 月下刊，18 — 19 页

利用'电子报纸''电视报纸'等新型媒体进行传播的传、收双方，都必须具备较高的文化知识水平。"①

小众传播不再追求受众数量上的庞大，它着眼于特定的受众群，传播内容细化，为其提供符合口味的信息和服务，在小众传播时代，甚至会出现像尼葛洛庞帝所说的"我的日报"——"数字化的生活将改变新闻选择的经济模式，你不必再阅读别人心目中的新闻和别人认为值得占据版面的消息，你的兴趣将扮演更重要的角色。"② 小众传播中传、受者之间互动频繁，传者与受众之间的鸿沟被填平了，人人都是传者，人人又都是受众。

（三）新媒体技术降低乃至将完全打破人际传播进入大众传播的门槛，推动大众传播与人际传播的互动与融合

手机传播或网络传播中的 Twitter（微博）首先可以实现人际传播，手机QQ、MSN 等聊天工具及手机本身都具有私人交流的性质，传播者与接收者的界限模糊，传播的"反馈"加强，每个参与者既给别人发送信息，也接收别人发来的信息，并随时反馈信息。这种角色的转换和信息的及时反馈使得传播方向呈现出"双向"和"多向"的人际传播特征。新媒体技术降低乃至将完全打破人际传播进入大众传播的门槛，推动大众传播与人际传播的互动与融合。

综上所述，大众传播的特点是信息传递一点到多点，体现集体的、社会的、国家的意志。分众传播的特点是信息传递多点对多点，体现的是承认差异，尊重个性。小众传播具有更强的实用性、目的性、专业性，体现更强烈的个性，它不仅仅是早期传播特点的回归，更被赋予了更深的内涵，更丰富的内容。现代新闻传播事业之所以比传统新闻事业更为发达，就在于它能够通过大众传播、分众传播、小众传播和人际传播的融合，在第一时间提供有关我们生

---

① ［美］M. 麦库姆斯著，郭镇之. 徐培喜译. 议程设置大众媒介与舆论，北京大学出版社，2008 年第 84 页

② 中国互联网络信息中心. 中国互联网络发展状况统计报告，2016 年 12 月，https：//www.cnnic.cn/hlwfzyj/hlwxzbg/hlwtjbg/201701/t20170122_66437.htm

活世界最新变动的信息，就在于它能够将这些信息在尽可能广泛的范围内传播，而且能够让人们快速而方便地接收。①

合众传播时代"大众＋分众＋小众＋人际传播"的融合性传播生态，创造了全新的传播类型，多种传播形态共生共存，这就是我们今天的媒体生态和传播环境，这种传播的融合与互相促进是技术的进步，是文化的进步，也是社会的进步，是更高意义上的哲学上的回归与进步，是人类传播在"否定之否定"的辩证道路上螺旋式上升的历史趋势，它使新媒体传播不断显现出前所未有的舆论传播特点。

第二节　微时代微传播

微时代，即以微博作为传播媒介代表，以短小精练作为文化传播特征的时代，微时代信息的传播速度更快、传播的内容更具冲击力和震撼力。在信息碎片化的"快餐时代"，浮躁的受众群体在单位时间内消化信息的量非常有限，而如何在庞大的信息海洋中，抓住受众群体，这就需要信息生产者提供冲击力大、可以在极短时间内吸引受众阅读兴趣的内容。

一、天翻地覆微时代

随着数字化技术和互联网技术的升级换代，微博、微信、微电影、微小说等"微"产品将我们带入了一个全新的时代——微时代。

---

① 陈作平.论新闻传播活动的主体性需求［M］，新闻传播学前沿——2007－2008，中国传媒大学出版社，2009 年 1 月版，114－118 页

（一）何为微时代？

"微时代"是指以微博作为传播媒介代表，以短小精练作为网络文化传播特征的时代。[①]

所谓"微时代"是一个蕴含着文化传播、人际交往、社会心理、生活方式和思维方式等多种复杂性语义的时代命题。它是以信息技术为基础，通过数字通信技术的应用，结合视频、音频、文字、图像等多种方式，再利用新型的、移动便捷的显示终端，进行实时、互动、高效为主要特征的交流活动的新时代。它作为人类社会历史发展的必然产物，也将世人裹挟到欣喜与焦虑、便利与浮躁、理性与盲目的博弈之中。

（二）微时代的特征

微时代具有"信息源扁平化""信息量碎片化"和"时空的瞬时化"三大特征。[②] 微时代带给我们的欣喜与焦虑、便利与浮躁、理性与盲目有"双刃剑"属性。

在微时代这个大背景下，微内容传播过程和传播方式改变，互联网的发展带来了新的传播方式的变革和兴盛。分众传播理念不断普及，微博、微信、微电影等微信息聚合平台和微内容传播渠道日臻成熟，"受众时代"随之转变为"微众时代"。而在微时代的背景下，其内容的生产和传播方式也发生了一系列的变化，内容的生产方式不再是繁多、冗杂、毫无头绪的；信息的传播方式也不再是刻板、固定、一成不变的。微时代的内容生产和传播方式将越来越向连续、不间断、时时更新的新型模式方向发展。

二、不得不说微传播

（一）纷纷解说"微传播"

尽管微传播的实践运用已经很广泛，但是关于"微传播"还没有一个统

---

① 郭敏.微时代网络文化的后现代特征［D］.太原科技大学,2014.1 页
② 郭敏.微时代网络文化的后现代特征［D］.太原科技大学,2014.1 页

一的定义。

英文"Micro-communication"是用于网络电子通信技术中"微通信元系统构架"(Micro Communication Element System)研究的术语,没有当下"微传播"的意义。

百度"百科"中有狭义与广义两种说法,广义的微传播是指以微博客、手机短信、彩信、飞信、QQ、MSN、户外显示屏、出租车呼叫台等为媒介的信息传播方式;狭义的微传播是以微博客为媒介的信息传播方式。以微博客为媒介的微传播,是去中心化的裂变式多级传播模式,传播碎片化信息,借以实现自我表达、交往需求与社会认知。①

有论者把微传播看作是大众传播的"重要形式",定义为:微传播是非职业化的传播人利用可复制的电子信息技术,以信息共享和自我实现为目的,向不特定的人群传送信息的行为和过程。②

有论者归纳出微传播的定义:微传播正是以微型媒介为渠道进行信息传递、以裂变的方式进行多级的、碎片化信息传播,借以实现用户自我表达、交往需求和社会认知的一种新型传播方式。③

微传播是向特定用户进行一对一信息的传播方式,是受众明确、需求清晰、有较强针对性的精确传播方式。与大众传播相比较,其传播内容更精确,传播方式更简便,传播渠道更精细,传播对象更精准,其本质是以数字技术为基础的口碑传播,其最大的优点就是可以直接面对消费者。④

微传播的定义可以这样表述:微传播是用户以网络数字通信技术中众多微型平台为信道,进行信息的多向、多级传播与分享,进而使得信息无限分裂而又不断聚合的新型传播方式。传播主体是用户,包含传者与受者、专业与非专业者、转发分享者与原创者等一切参与者;传播渠道是不断更新换代

① 百度百科.微传播 [EB/OL].[2015-04-26].http://baike.baidu.com/view/3010350.htm.
② 陶艺音.微传播特征初探 [J].新闻世界,2012,(02):56.
③ 王瑶.微信与微传播 [J].传媒观察,2013,(02):41.
④ 覃文钊.微传播时代.广告主市场观察,2011(1).

的各类微型信息交流服务平台，均可以接入移动客户端；传播内容是各类信息；传播、分享对象是确定和不确定的用户；传播效果复杂、难以预测，不同的微传播用户效果不同，应当分类研究、统计；传播的结果（后果）是人类信息产品在微传播空间中的无限分裂与聚合，即传统信息传播的 5W 模式面临着分裂与聚合的矛盾背反状态。[①]

（二）"微"这个核心

"微信息、微社区、微媒体、微观点、微博"的发展正在逐步"大势所趋"化。"微"就是微传播的核心特征，即传播的内容可以是"微内容"：如一段话、一张图片、一个心情；传播的动作则是"微动作"：如只需简单的几步按键操作就能完成语音或者信息上传、分享的步骤；传播的渠道是"微介质"：如智能手机、平板电脑等；传播的对象是"微受众"：小范围、针对性传播等。

作为一种全新的传播方式，它的适用范围极其广泛，集合了人际传播、大众传播的几大特点，使它的存在价值不断升级，被广泛应用。

三、微传播五大要素

微内容，微动作，微介质，微受众，微效果，巨影响，是微传播的五个主要特征。

1. 微内容

所谓"微内容"，就是和引起社会普遍关注有重大意义的"巨内容"相对的概念。微内容 (Micro Content) 最早来自于 Jakob Nielsen，[②] 用以描述一小段包含元数据的文本、图像、视频等信息内容。[③] 网络上流行的微博客、微电影、微小说、微段子、微游戏、微社区等都属于这一范畴。

① 杨中举、陈珊.分裂与聚合：微传播对 5W 的影响，临沂大学学报，2015 年第 4 期，37 — 41 页

② 陈作平.论新闻传播活动的主体性需求［M］，新闻传播学前沿——2007 — 2008，中国传媒大学出版社，2009 年 1 月版，114 — 118 页

③ 齐立森.网络"微内容"的传播学分析［J］.新闻爱好者，2009 (6)

2. "微动作"

用户在传播过程中通过简单的电脑按键操作、鼠标点击，就可以完成信息的发布、浏览、转载、评论、投票等功能；手机媒体只需要动动大拇指的"微动作"按动操作键，就可以体验信息洪流，比电脑操作更简单、更普及，比报纸更互动、更快捷。

3. "微媒介"

传播的载体是"微媒介"，比如经常用的移动手机、掌上电脑、多功能电子阅览器等传播介质；[①]

4. "微受众"

"微传播"的受众，类别细分化、需求个性化，是"小众"型传播对象。在寻求信息方面显示出多样与个性。微媒介，又在传播上强化了这种需求，使得受众的需求进一步固化和异化，从而造就了多变的、差异化的受众。在微传播的时代，受众开始大胆讲述自己的故事，形成了一股全民写作、自下而上的民间力量，这力量对未来新的传播模式的进一步创新有着至关重要的作用。

5. 微效果

"微传播"一直在体现"微"的力量，它将逐渐积累不断强大，最终以一种微不足道的方式影响整个社会的传播体系，微传播的影响也使过去固有的传播模式发生转变，"传者—媒介—受者"三者之间的关系不再是一成不变的固定角色，三种角色开始相互交替扮演，灵活自由、互动性强、自主性高，形成新的传播模式"人（带有信息）—物（电子化新媒体，呈现信息）—人（自由的选择信息）"。在这个过程中传者不只是传者，受者也不只是受者了，而信息的中介点也变得人性化、个人化，传播模式的逐步变更使得信息传播更加民主化与自由化，整体上吻合了新时期社会催化下的传播欲信息欲。

---

① 薛芙蓉."微"传播"巨"影响，今传媒，2012 年第 1 期，89 — 91 页

6. 巨影响

"微传播，巨影响"，微传播时代，人们越来越关注个体的"微观世界"，此过程中的最大特点是微小或者微弱，但表面微小的力量往往最终效果却是强大的。这个效果不仅仅是对一个社会个体，更重要的是对整个社会传播的发展有着强大的推动作用。

微传播的传播方式符合了新媒体的人性化传播特色，一对一传播信息；传播内容紧随着时代的快节奏阅读习惯，内容短小精悍且主题明确；传播媒介时尚、精巧、多功能化，小媒介、小渠道却有着大的传播效果；传播对象有着个性、自由、民主、公开等的传播欲望，期望能在传播的过程中向社会展示自我并得到相对应的社会尊重及欣赏。①

微传播传播速度快、手段方便、人人可参与、门槛低，进入与退出机制简单自由，给予参与者的快感、成就感强烈，这些优点也为知识文化信息的普及传播提供了强大的动力，吸引了众多的专业传播者与非专业传播者的参与。而大数据、搜索引擎服务、媒介融合、数据抓取爬虫、API、RSS 等技术，对海量的微传播文化信息以存储与数据抓取等方式，使微传播世界中零散的、碎片的知识文化信息又得以聚合、统一，为人们有效利用信息提供了极大方便。

如新浪微博借鉴 twitter 的 API 技术，通过微博接口、话题接口、评论接口、用户接口、账号接口、收藏接口、搜索接口、推荐接口、提醒接口等十多个接口，可以基本掌握各种分裂的信息，从而达到信息聚合分析研究的目标，最终实现信息数据分裂与聚合的互补；又如，运用 RSS（Really Simple Syndication 或 Rich Site Summary），更容易对微传播空间的碎片内容实现聚合。②

从技术层面上，传统媒体与新媒体融合后，各种微传播方式均可以实现大聚合。"微信矩阵＋微博矩阵＋App 矩阵＋微站矩阵的覆盖新模式将是一个

---

① 薛芙蓉．"微"传播"巨"影响，今传媒，2012 年第 1 期，89 — 91 页

② 哈罗德·伊尼斯．传播的偏向·译者序言［M］，中国人民大学出版社，2003 年版

打破传统模式的移动新媒体形式，各个矩阵之间都能进行用户转换，加大媒体覆盖范围，实现有限互动。"[1] 随着微传播服务新平台的研发、增多，这种矩阵相叠加的名单还会不断扩充。

更加突出的是，在微传播环境中，新闻信息、文化思想的传播一方面不断地"微化"为碎片，另一方面又不断地"整合"为网络大数据，微传播与大传播双向发展，微传播越发达、大数据传播也越壮大，大数据传播越强大、微传播则越繁荣，形成了双向背反而又互补的巨大传播场域，极富张力。这种背反与互补具体呈现为背离与依附、分裂与聚合、大众化与小众化、碎片化与整体化、分散化与一体化、大数据与小数据、真实与虚假、专业传播与非专业传播、自创分享与转发分享、个体化与群体化等并存、交叉、混杂的状态，极大地影响了人们的思想、行为与生活方式。

第三节　新媒体传播理论对传统理论的"扬弃"

新媒体的大众传播属性更加深刻，分众与小众传播体现出新媒体传播的专业性，新媒体的人际传播特质耐人寻味，新媒体舆论有与传统媒体舆论大相径庭的舆论传播特点。分析新媒体传播理论与传统新闻理论、传播理论之间的差异，可以发现，新媒体对传统新闻理论、传播理论表现出"扬弃"的特质，有肯定，有否定，有继承，有发扬，或对传统理论有所突破，或推动新闻理论深化、拓展，或在某种程度上对传统理论有所加强，或在一定意义上使传统理论失效。

---

[1]　郭敏 . 微时代网络文化的后现代特征［D］. 太原科技大学 ,2014.1 页

一、部分传统传播理论和新闻理论有待深化

（一）经典传播理论——"把关人"理论有待深化

在新媒体背景下，在传统媒体信息发布过程中起重要作用的"把关人"理论受到了质疑。

学者吴风认为，互联网的兴起使每个人都可以成为信息发布者，打破了传统媒体对信息发布的垄断，使传统的"把关人"已"无关可把"。网络使人们成为"信息人"，在发布信息、获取信息方面获得了前所未有的自由，然而也使网民处于一种迷茫的境地：在浩如烟海的网上信息里，"我该相信谁"？[①]

潘慧芳认为，"沉默的螺旋"理论在网络环境下开始失效。在网络传播环境中，由于传播的整个结构发生了巨大变化，人们的交往空间变大，有了更多的选择方式，行动自由，而在沉默的螺旋中起重要作用的"从众心理"也会因此有所改变。依据这一理论对网络舆论进行引导的效果将大打折扣。由于传统的舆论导向模式在网络媒体环境下失灵，而新的导向模式又未能建立，形成了舆论导向空白环节，导致舆论失范现象时有出现。[②]

有研究者称，网上信息传播的自由，颠覆了传统意义上的媒体功能，也引发了对网络媒体能否继续发挥舆论引导功能的疑虑。笔者以为，新媒体作为媒体的一种形式，具备新闻媒介所拥有的功能，当然应该可以对之进行舆论引导。在舆论引导的过程中，当然要重新讨论把关人的作用。

世界上只要存在媒体，只要存在社会责任，就存在"把关人"。在新媒体条件下，传统的大众传媒正在利用新媒体传播信息，在这里"把关人"仍然存在，而且更加重要，把关难度也更大。新媒体并没有使"把关人"理论失效，只是对其提出了新问题、新要求和新挑战。在新媒体条件下，"把关"和"把关人"出现了一些新特点、新要求：

---

① 吴风.网络传播学：一种形而上的透视［M］，中国广播电视出版社2004年版，第277页
② 潘慧芳.浅析网络舆论的监督和引导［J］，消费导刊，2008年第6期

1. 传统媒体"把关"的范围比以往有所缩小,"把关"的尺度比以往更加宽松,"把关"的效果比以往也更加难以预料;

2. 随着新媒体的崛起,"把关人"出现了多元化、区域化、行业化、个性化、自由化、互动化等趋势;"把关人"既有专业的记者编辑也有网络编辑和网民个人,这三种力量共同构建大的新媒体把关人的角色,扮演着传播者和信息接收者的双重角色。

3. 随着博客、微博的迅速发展和社区网站的大量涌现,"把关人"愈来愈呈现全民化趋势、泛化趋势。传统大众媒体的把关人在传播过程中处于信息链条的第一环节,掌握着信息的发布、传播权并对信息进行垄断,而新媒体打破了这种局面。新媒体时代把关人概念出现泛化,把关功能减弱并实现转化。

另外,把关人组成的多元化以及他们所代表利益的不同使得把关的标准较传统媒介有很大的变化。传统媒体要把握信息传播的新闻价值与社会价值,特别要考虑到政治、法律、社会、文化、宗教等因素。新媒体则在一定的程度上弱化了政治因素的影响力量,市场经济因素的影响力量加强并成为主导因素。

在对新媒体舆论进行引导过程中,需要重新探讨"把关人"理论与新媒体舆论的契合点,将把关人理论深化拓展。

（二）经典传播理论——"议程设置"另具含义

唐纳德·肖和麦克斯威尔·麦科姆斯如下论述议程设置:"大众传媒的影响力——它所具有的构建公众思想和引发他们的认知变化的能力——就是大众传播的议程设置功能。大众传播最为重要的功能恐怕就在于此——为我们安排和组织了脑海中的现实世界。简而言之,大众传媒并不能告诉我们应当思考什么;但在告诉我们应该对哪些事务进行思考上,大众传媒取得了令人惊异的成功。"[①]

[①] 斯蒂芬·李特约翰著,史安斌译. 人类传播理论（第七版）[M],清华出版社,370页

新媒体将议程设置理论进行拓深，表现出如下特点：

1. 议程设置依然适用于新媒体

新媒体的特点决定了其具有"议程设置"的功能，这些特点包括：（1）在网络里，某些信息的传播就像起重机病毒一样，可以飞快地繁殖。议程设置假设理论认为，人们对某些议题的关注程度，主要来源于这些议题被报道的频率的强度。而无疑，网络传播可以轻易地做到提高对某些事件的报道频率和强度。（2）在网络中大众传播和人际传播相互交织，而在议程设置方面，人际传播对大众传播是一个有力的补充。（3）利用互动技术，报道对象与受众可以建立直接联系，因此，当事人的影响会更直接地传递给受众，这对于提高一个事件的受注目程度，也是非常有利的。在一定意义上，议程设置在网络信息传播中依然存在。

2. 新旧联手整合"议程设置"

传统媒体和新媒体联手，对议程设置进行整合。传统媒体赋新媒体信息以权威性，新媒体使传统媒体信息更加符合民意。网络媒体与传统媒体两者之间可以"互设议程"，网络媒体凭借技术上的优势，如网络的超链接功能、信息整合能力以及海量存储特性，对传统媒体"信息反哺"，帮助传统媒体尽可能全面地探询新闻背景；报刊、电视等传统媒体越来越多地利用起网络信息，获取丰富的新闻源和新闻话题。

3. 新媒体主动"设置议程"

新媒体为我们提供了"人人都可以放大自己的声音"的可能性，由此形成的社会影响力也日益巨大，比如"我爸是李刚"撞人案，"烟草局长日记"案等，充分显示了网络舆论的力量，引起社会各界的广泛关注，激发不同层次人群的广泛讨论，设置出全新的社会议程，进而设置传统媒体的议程，主导社会舆论方向。传统意义上的预定"议程设置"变得艰难，新媒体舆论主动地发起"设置议程"。

二、部分传统传播理论和新闻理论"拓深"

新媒体传播的独特特性使得部分传统传播理论适用范围扩大，如"拉斯维尔程式"的 5W 内容得到扩充。

1948 年，美国学者 H·拉斯维尔在《传播在社会中的结构与功能》一文中，首次提出构成传播过程的五要素，即流传甚广的"五 W 模式"或"拉斯维尔程式"：Who、Says What、In Which Channel、To Whom、With What Effect。新媒体传播特性使 5W 各个环节的广度与深度得到拓深与扩张。

（一）Who——传播主体多元化

传统媒体一统天下的时候，新闻信息的传播者多为专业的传媒机构，以社会上的一般大众为对象，进行大规模的信息生产与传播。新媒体颠覆了传播者对传播过程的垄断控制，使新闻信息传播的门槛几乎降低为零，大量的普通受众都可以加入信息的生产加工和传输过程，越来越多的机构和个人开始充当传播者的角色，传播主体多元化趋势日益凸显。

（二）Says What——传播内容与形态多媒体化

新媒体传播的内容相较于传统媒体而言极大丰富，数字媒体的发展，不仅为新闻信息产品实现多媒体化提供了技术支持，还为之提供了广大的需求和市场。许多新闻信息产品实现了多媒体化，如受众了解一个新闻事件时，不再像过去那样只是单一地阅读报纸、收看电视节目或收听广播，打开网络，受众可以看到文字、图表、图片、视频、音频、FLASH 等各种形式全方位的信息提供。

（三）In Which Channel——传播渠道复合化

新媒体挖掘出旧媒体不能覆盖的传播盲角，开发出新的受众接触点。新的传播渠道、新的传播工具不断产生，比以往任何时候更加丰富、更加多样，而且新的传播渠道还在不断涌现，呈现出传播渠道日益明显的复合化趋势。

传播渠道越来越多。如网络媒体、网络电视、移动电视、卖场电视、网络广播、地铁报纸、航空杂志、候车厅 LED、户外 LED、移动多媒体 (短信、彩信、手机游戏、手机电视、手机电台、手机报纸等)、数字杂志、数字报纸、数字广播等大量的新媒体传播渠道，不胜枚举。

形成立体化传播网络。如报纸和互联网的融合产生了报纸的网络版，互联网和无线通信网的叠加产生了移动互联网，手机和电视的融合产生了手机电视等。

（四）To Whom——受众和市场碎片化

数字化媒体时代，受众内容发生了很大变化，受众的个性化需求强烈，新媒体的受众范围更加宽阔，有大众层面、分众层面与小众层面，受众不再是一个全国统一的整体，而是分裂成一块块基于不同需求或兴趣的"碎片"。传媒市场也从全国一统的市场转变为面向不同地区、不同行业、不同年龄、不同兴趣的受众细分市场。如电视媒体的专业化频道，针对不同的受众而精准定位，网络媒体与手机服务的定制服务都体现这一细分特征。

三、部分传统传播理论"强化"

（一）强化"使用与满足"理论

1."使用与满足"理论提出时的现实缺憾

西方经典传播理论中的"使用与满足"理论，把能否满足受众的需求作为传播的动力和目的。1974 年，传播学家卡兹等人发表的《个人对大众传播的使用》一文中，提出了"使用与满足"的基本模式，将媒介接触行为概括为一个社会心理因素加心理因素（媒介期待—媒介接触—需求满足）的因果连锁过程。1977 年，日本学者竹内郁郎对这个模式做了适度补充。

此理论的主要观点在于：人们接触媒介的目的在于满足自己的特定需求，这些需求具有一定的社会和个人心理起源。实际行为的发生需要具备两个条件，一是媒介接触的可能性。即身边必须有电视机或报纸一类的物质条件，如果不具备这种可能性，人们就会转向其他代替性的满足手段。二是媒介印象，即对媒介能否满足自己的现实需求的评价，它是在以往媒介接触经验的基础上形成的。根据媒介印象，人们选择特定的媒介或内容进行具体的接触行为。接触行为有两种结果：需求得到满足或未得到满足。无论满足与否，这一结果将影响到以后的媒介接触行为。

此理论前提在于它假设受众都知道自己需要什么，并知道如何在使用媒介中满足自己的需求，但这在现实生活中往往不能成立。"使用与满足"理论的实现前提是受众可以随心所欲地选择信息，可以按照自己的愿望、根据自己的心意进行取舍，但从当时整个社会背景和媒介环境来看，受众并没有多大的选择余地。

2. 新的"使用与满足"已经形成

传播学者施拉姆把"使用与满足"理论比喻为"自助餐厅"——受众参与传播，犹如在自助餐厅就餐，每个人都根据自己的口味及食欲来挑选饭菜。随着新媒介环境的不断变化，"使用与满足"这一开放性的传播理论也不断地深入发展。Web3.0 技术催生的新媒介景观提供了更多的传播需求上的满足，这不同于使用传统媒体的满足。博客、播客、SNS 交友网络、搜索引擎、即时信息 (IM)、网络电视微博、微信等一系列全新的媒介景观，为每一位受众提供了参与的可能，满足受众不同"使用与满足"的需求。

（1）满足"平等参与"需求

"平等参与"实现多对多的传播，正是 Web2.0 时代新媒介最重要的特性之一。无论是创建博客、发表微博、登录论坛发表评论、使用手机上网，还是加入圈子、注册 Facebook，都满足了受众"平等参与"信息传播与信息发布这一基本需求，这是一种"通过参与，穿梭在社会"的满足。

（2）满足"贡献与共享"需求

新媒体交互技术的密集反馈性可以满足受众"贡献与共享的需求"。在交互信息环境中，有着相同兴趣爱好、相同话题的人汇聚到一起，受众与受众通过媒介实现多对多的信息互动，他们可以把身边事情记录、拍摄、录制下来，贡献出来，借助新媒体与他人共享，进行交流。

（3）满足"个性化"需求

新媒体传播可以满足用户自主 DIY 微内容的需求。"微内容"强调媒体用户可以根据自己的个性生产任何数据与信息内容。如微博博主，凭限制在 140 字以内的微博文体这一简短的形式，在新媒体环境中掀起狂澜。

满足用户个性化搜索、收藏、订阅的需求，搜索行为本身也是一种个性化控制，在网络信息海洋中，新媒介搜索引擎帮助用户以"我"的标准重组信息，赋予用户追求个性化传播的能力。基于互联网 RSS 技术，受众可以订阅自己喜爱的个性化内容，这在传统媒体时代是无法想象的。

（4）满足"交往与表达的自我满足"需求

新媒体的互动特征不仅在于人与终端机器界面的互动，更在于通过数据传输网络进行的人与人之间的有益互动。受众可以与论坛内的网友相互交流，表达自己的意见，得到自我的认识和评价的满足。各种论坛、社区、博客、P2P 等互联网业务的繁盛，帮助受众满足人类社会"交往与表达的自我满足"需求。社交网站如开心网、人人网等的火爆，充分说明社会生活中受众对这一需求的迫切需要。

表达私人情感的满足。现代社会人与人之间是疏离的，现代人需要感情的温暖与慰藉，现实生活、工作压力过大也使现代人需要释放，但基于安全的需要，现代人并不想向认识的人倾诉。于是，他们选择了网络，将自己的负面的、隐私的情感展露在博客、微博、论坛中，既满足了现代人表达私人情感的需求，又满足了他们的社会安全感需求。

在对于互联网的受众进行的大量研究中，许多人都借鉴了使用与满足理论，通过对网络媒体的使用，网民满足缓解焦虑的需求、满足获取信息的需求、满足情感交流的需求、满足自我实现的需求、满足主导的心理需求、满足工具的需求、满足慎议的需求等；而青少年通过对新媒体的使用，可以获得平等参与的满足、"个性化"的满足（比如 DIY 微内容、个性化搜索和收藏等）、

"共享"的满足（比如寻找同好、促成共享等）。

从博客到电子杂志，从播客到视频分享网站，从手机报到手机电视，从微博到微信，新媒体传播景观迅速发展，新媒体的"使用与满足"已经形成。

本章作业

1. 试简述新媒体传播理论的主要特点是什么？

2. 在数字化时代，部分传统传播理论被"强化"，表现在哪些方面？

第八章　微视频传播：乱花渐欲迷人眼

在移动互联网飞速发展的时代，影像的传播方式逐渐从传统的电影、电视"大银幕"向诸如智能手机、平板电脑的"小银幕"转变。例如微信影像传播、"微电影"、微视频、网红视频传播等，作为新媒体时代影像风格的代表，应该将对微视频传播的研究纳入我们的研究视野。

正如麦克卢汉说过："无论从什么意义上看，文化和传播密不可分，它们就像是一枚硬币的两面。"[①] 传播方式的发展与变革通常会萌生一种或多种与之相适应的新兴文化现象。

第一节　微视频及其特性

一、微视频问世

短时间的视频最初以手机应用的方式进入大众视野，最早出现在美国。2011 年 4 月 11 日，移动短视频应用 Viddy 正式发布。随后，各种短视频应用纷纷问世。国外，比较有代表的是 Instagram 推出的短视频功能和日本社交应用 Line 推出的"微片功能"等。

---

① 马歇尔·麦克卢汉. 理解媒介：论人的延伸［M］. 何道宽译. 北京：商务印书馆，2000：2.

在中国，短视频应用的起步较晚，但随着 2013 年 12 月我国电信产业正式进入 4 G 时代，短视频实现了即时传播，信息的传播速度大大提升，国内迅速发展起来一批短视频应用，比如：新浪推出的秒拍、腾讯的微视及美图公司出品的美拍等短视频应用。①

对于这样新型的社交形式，称谓也并不统一，移动社交视频、移动短视频、小视频、短视频等，本书统一称为"微视频"。

二、不同角度解读"微视频"

2013 年，戴景丽在《微视频的内容定位与盈利模式》一文中提出"微"的概念，认为其指的是时间的长度，也可以说是时间上的跨度。② 经统计，关于微视频的时间长度概念，主要有两种比较流行的说法：一种是指不超过 20 分钟的视频，另一种讲法则是将视频时间长度严格限制在 1 分钟内。

2016 年 2 月，李昕怡在《短视频时代，来了》一文中指出："短视频"这一概念是相对于传统中的"长视频"而言，指的是拍摄时间在 30 秒内的视频。③

雷攀在《社交网络进入短视频时代》中认为它（短视频）基于移动智能终端，允许用户利用智能手机或平板电脑此类移动终端设备拍摄的时长极短（一般为 8 至 30 秒）的视频。

方方在《社会化媒体时代短视频热潮解析》中认为短视频是基于智能移动手机使用软件拍摄 10 秒内（时长在后来各款应用的更新中有 60 秒或是 5 分钟的选择），并直接编辑美化，然后分享至社交应用的视频。

易观智库在《中国短视频市场专题研究报告 2016》中将短视频定义为：是指视额长度不超过 20 分钟，通过短视频平台拍摄、编辑、上传、播放、分享、

---

① 郭敏. 微时代网络文化的后现代特征［D］. 太原科技大学,2014.1 页
② 戴景丽. 微视频的内容定位与盈利模式. 上海师范大学，2013
③ 李昕怡. 短视频时代，来了［J］. 传播与版权，2016，02：112 − 113

互动的视频形态，通盖记录短片、DV 短片、视频剪辑、微电影、广告片段等的视频短片的统称。

微视频传播是指运用数字设备制作影像并通过手机、网络等新媒体平台发布影像的活动。

本书将短视频定义为一种视频长度计数（最长视频长度不超过 20 分钟），主要依托于移动智能终端实现快速拍摄和美化编辑，可在社交媒体平台上实时分享和无缝对接的一种新型视频形式。它融合了文字、语音和视频，可更加直观、立体地满足用户的表达、沟通需求，满足人们之间展示与分享的诉求。

体量小又能承载丰富信息的短视频与互联网高速发展下的传播特性相匹配，它能够更好地利用用户的碎片化时间，将文字、语音和图像融合在一起，以多视角、更直观和更立体的方式来展示信息，满足了当代大众的表达需求和分享诉求。伴随着手持移动端的发展，微视频以新媒体平台为基础，以阅读时间琐碎的受众为主要服务群体，通过时长几秒到几分钟不等的视频传递出多样化的内容。

第二节　微视频的传播特点

有学者研究微视频的传播特点，如赵豆和王勇泽的《短视频的传播现状分析》主要分析了短视频的传播特点：内容生成相对容易、传播速度迅速和社交属性尤为强烈。

艾瑞咨询在《2016 年中国短视频行业发展研究报告》中对短视频的行业特点进行分析，指出短视频的长度一般控制在 5 分钟以内，短小精练，传播速度快；短视频简化了内容生产流程，制作口槛相对较低；短视频具有广泛的参与性，视频不仅是内容传播，还是用户化交的延续，其社交媒体属性加强。

郭全中在《风口下的短视频行业研巧》一文中将短视频企业按照是否以

内容制作为主导而分为两种：一种是平台分发型的短视频企业，比如微信朋友圈、微博、秒拍、小咖秀及今日头条等；另一种是内容主导型，是指基于内容的创业型短视频企业，像一条视频、二更、日食记等都是隶属于此类型的短视频企业。

一、生产简单化、碎片化表达

在全媒体时代，视觉呈现碎片化的特质更为明显。录制容易、主题各异的微视频利用细碎的表达传递出了大量信息，在表达内涵、表达深度上形成与电视报纸等传统媒体的对立。短视频由于篇幅较短，内容限制较少，具有较强的可变性，既能够单独成片也能够发展出系列作品。

碎片化表达不仅仅对受众的阅读方式产生了影响，同时还改变了受众的思维方式，形成全媒体环境下受众"抓重点、求速度"的思维模式；这种利用碎片化视觉表达的信息获取方式虽然满足了现代人对于信息获取速率的要求，却从某一层面上限制了大众的思想深度。

例：在以哗喱哗喱为主的视频网站中发布着大量以"一分钟带你读完××""三分钟带你看完××"为标题的自制视频，这些视频的长度基本不超过五分钟，绝大多数将时间控制在三分钟，通过对文学作品、影视作品的关键内容进行梳理，使得受众可以在短时间内取得对作品的基本印象，获得关键但是不完整的信息，但这种通过视频获得的作品阅读体验往往不能够像常规作品欣赏一样给受众带来心灵和思想上的震撼。

二、即拍、即发、即看

微视频呈现出"即拍、即发、即看"的即时传播的特性，传播速度迅速。也正是因为这样的特点，微视频也渐渐改变用户的话语形式，成为继文字、图片、语音之后，人们日常交流的新的话语形式。2016 年微视频迎来了爆发，围绕微视频行业的内容生产、渠道推广、商业模式都日渐成熟。信息传播的互动性依托于应用软体对于分享功能的建立，绝大多数信息传播都以分享为主要形式。通过"分享到微博""分享到朋友圈""分享给好友"等分享形式，鼓励信息接收者将信息进行多方分享与传递。

通过创建即时链接的方式，信息发送方以及信息接收方的身份在瞬间得到改变，在社交平台上形成对信息的即时互动。这一点通过视频的弹幕就可以了解到。视频网站哔哩哔哩是目前国内最早开设弹幕体系的视频网站，受众在观看视频的同时，还能够通过文字的形式与其他人互动，并且自己打出的文字会即时呈现在视频之中，形成一个以视频为平台的互动。

三、受众参与度高

由于移动客户端的发展，受众参与的渠道逐渐增多，在同一平台之上受众之间会形成一种鼓励参与、积极参与的良好氛围，使得受众能够更为密集地进行参与。如视频网站的评论区域之中，观众在评论区中写下自己的想法，获得他人的点赞或者回复，这种交流会对受众的参与进行鼓励，大大提升受众在视频网站的参与度。

四、服务于受众需求

寻找最适合受众的内容，并运用合理的途径进行表达，服务于受众的需求，成为微视频视觉呈现的重要特征。通过 URL、Agent 等搜索引擎技术与信息可视化技术的结合，受众能够通过直接搜索文字、图片等关键信息，准确地获得想要的信息内容。

以淘宝为例，"拍立淘"功能使得受众通过检索物品照片就能够完成实时商品搜索，找到所需商品的相关信息。在大数据的支持下，受众的单一视觉需求也得到了延伸化的回馈。

以视频网站中的"播单"为例，最早受众只能够通过在视频网站中搜索视频名称获得自己想要的视频资源，但是伴随着播单的出现，用户不仅可以在播单中寻找到自己想要的视频，还能够寻找到与自己期待相符合的其他内容。例如受众在某视频网站中搜索电影《野孩子》，获得的回馈往往不仅仅有视频资源，也有与这一青春电影相关的"青春片"播单、"欧美青春电影"播单等等，受众可以借助播单获得同类型电影的资源。通过播单，视频发布者对视频资源进行了一定的归纳整理，从而做出富有针对性的受众区划，以自媒体"一条"为例，这一视频自媒体将自己的视频分为"建筑新浪潮""话题""二十四节气"等多个不同类别的播单。这种将受众需求直白化的做法从某种程度上折射出全媒体时代受众需求对于视觉呈现的导向性作用，也暗示出锁定客户需求的重要性。

五、吸引力至上

新媒体环境下，短视频作为时下最流行的社交方式，它融合了文字、声音和图片，更加直观和更立体地向人们展示信息，使用户的表达需求和分享诉求得到满足，所以，微视频信息传递呈现出吸引力至上的传播原则。信息的制造者往往会通过夸张关键词、视频表达等形式使得信息具有较强的吸引力，从而带动受众的接收。越来越多的信息在传递的过程中以视频的形式展现，视频传递更为直观，并且更具有真实性，从而展现出更强的吸引力。

麦克卢汉在 20 世纪 60 年代提出了这样的预言：各种技术及其后续的环境一个紧接一个很快发生，技术会使人觉察到紧随其后的新环境，当技术使我们意识到它的心理和社会后果时，"技术开始发挥艺术的功能"。[①] 视频技术的日新月异为受众提供了选择和使用媒介及信息的多样性与宽泛性，也启发我们对于新的传播范式的思考。当电视报道进入网络平台打破了线性单一

① 马歇尔·麦克卢汉著.何道宽译，理解媒介：论人的延伸［M］，北京：商务印书馆，2003. 第 28 页

的传播，人们不仅可以任意选择电视内容随时进行收看，随手留言评论、反馈意见与建议，参与视频节目的点击率统计与热门排行榜，也可以更直观、更准确、更理性地显示出受众的收视趋势、偏向喜好与需求满足：通过对发布者、视频内容、信息来源之关键词的选择与分析更可以考察视频消费者对电视报道的使用目的与使用行为。因此深入探讨网络视频传播的新特征，分析视频"点击率"所隐藏的社会意义，无疑可为受众的使用动机与满意程度的研究提供新的视角。同时也为电视传播对人类心理与行为的效用分析提供参照，启发未来的电视报道。[①]

第三节　微视频传播的社会伦理问题

值得注意的是，微视频的高速发展，带来其内容同质化现象和草根化现象愈加严重，因传播者水平良莠不齐，微视频传播存在的社会伦理问题日益严重：淫色暴力影像的泛滥，影像造假煽情之风的流行，影像歧视与影像偷拍的普及，对社会的政治、经济、文化的发展产生了许多负面的影响，影响到社会的和谐发展及下一代的健康成长，严重地影响着人们的价值观与世界观，影响着人们对现实环境的态度与行为，给社会发展带来了严重的危害。

一、微视频偷拍

偷拍是指未征得当事人同意、采用隐秘方式对其进行拍摄的一种行为，也就是在当事人不知情的情况下，秘密拍摄他人的活动、甚至隐私的行为。

随着高科技的发展，数码相机、小型 DV、针孔摄像头、视频监控日益普及，偷拍现象越来越严重：尤其是手机拍照、摄像功能的开发，使得偷拍日益泛

---

① 　王晓红、赵希婧．网络视频传播特性探析，中国广播电视学刊 2009 年 5 期

滥，无孔不入。

按照偷拍者主观目的的不同，可以将偷拍行为分为举证、监控、新闻采访、公民隐私和侦查破案等偷拍偷录行为。对这些偷拍偷录行为可以区分为合法与非法两类。目前在立法上尚属空白的非法偷拍偷录行为主要有两类：一是传播不属于淫秽物品范围的公民隐私材料的行为。二是以偷窥欲望为目的，进行偷拍偷录的行为。[①]

从偷拍的对象来看，大多选择女性或恋人，且以性感的女性为甚：拍摄的部位往往是女性的胸部、大腿、臀部、下身等，从偷拍的目的来看，大多是为了引起受众的关注，增加点击量从而达到赢利之目的。从偷拍的性质来看，偷拍者侵犯了当事人的隐私权、肖像权或名誉权，有些网站专门开设偷拍频道，为偷拍者提供展示的平台。偷拍来的影像满足了受众的好奇心，点击量很高。虽然偷拍很有市场，但是严重侵犯了别人的隐私，被摄对象有遭人肉搜索的可能，甚至演变为网络暴力事件。对这些不合法、影响恶劣的偷拍行为，要追究其法律责任。

二、微视频影像低俗

影像低俗主要表现在淫色影像与暴力影像，微视频传播是一种开放性的传播，由于其具有虚拟性与匿名性的特点，导致现实生活中的法律法规与伦理道德对于自律性不强的受众来说难以发挥应有的作用。有些受众利用手机与网络肆意制作与传播淫色与暴力影像，甚至通过博客、微博、微信发布自己的裸照，靠出位和出格来博取出名。有些网站运营商，打着娱乐大众的幌子肆意传播淫秽、色情图片与视频，致使淫秽色情影像传播的空间不断拓展。除了色情网站外，还不断向购物网站、视频网站、交友网站、社区论坛等空间蔓延，这些低俗的影像毒害人的思想，污染社会环境。

---

① 郑孟望. 关于偷拍偷录行为的法律思考，湖南社会科学，2003 年 3 期，75 — 76 页

三、微视频造假

随着移动互联网的普及，几乎人人都可用数码设备记录身边的人和事，微视频数量大幅增加。但是，随之出现了许多假造的微视频。这类微视频造假，从其出发点来讲，分为无意造假与故意造假两类。无意造假是指制作者没有主观造假的目的，但把关不严造成假视频流出，有些拍客拍下视频后，不加调查核实，并不了解事件的真相就直接上传到网上，且随意评论，结果与事实有严重出入。故意造假，往往是拍摄者为了达到某种目的，有组织有预谋地造假。

从内容上来看，微视频故意造假的表现形式有四种：(1) 无中生有，完全虚构。(2) 摆拍造假，策划再次模拟事实补拍。(3) 局部造假。运用图片软件合成、调整，使图像更完美。(4) 张冠李戴，图片与文字说明错位。

四、微视频影像歧视

微视频影像歧视是指影像创作者带着成见对某类人物或阶层进行不公正传播，肯定或否定某一类人群，美化或丑化某一个阶层。

在微视频传播实践中，影像歧视主要表现在弱势群体负面化与少数民族愚昧化。弱势群体负面化体现在以下三个方面：

一是对农民工的偏见。从已有微视频传播来看，常看到农民工用跳楼、下跪、堵路与爬桥等各种手段讨薪维权，给人的印象似乎农民工是城市文明与社会稳定的破坏者，显然事实并非如此。

二是对女性的歧视。网络上大量拐卖妇女、强暴妇女的视频吸引眼球，这些深深地刺痛了受害者的心灵。

三是对某些人群的冷漠。失足妇女、残疾人、小商贩等人群往往成为拍客们跟拍的对象，展现他们负面、消极的形象。这类带有明显倾向性、歧视性的视频在网络泛滥，会对社会风气、价值观产生不良影响，必须引以为戒，并采取相应措施进行整顿、引导。

本章作业

1. 简述微视频的定义与特点。

2. 简述一些微视频的伦理失范问题。

3. 微视频影像歧视主要表现在哪些方面？

第九章　VR 直播与"网红"

以高互动性为突出特点的网络直播，成为新的视频娱乐形式和网络交往形式。伴随着视频直播平台的火爆繁荣，网络直播现象越来越成为让人瞩目的传播现象。

据央视 2017 年最新出炉的大学生就业意向调查显示，48% 的 95 后最理想的职业是当网红，这几乎占据了就业趋势的"半壁江山"。这种就业意愿不仅体现在毕业生中，更体现在广大的青少年群体中。职业理想随着时代的发展而变化，这是社会现状的缩影。网红能够在当下诸多热门职业中脱颖而出，如此快速大量的吸引年轻人，绝不仅仅因为它的薪资丰厚。而作为一种现象级的社会产物，网红折射出的也不再是个人理想，而是整个社会的价值观，所以我们有必要对网红的表现形式和传播特征进行研究，并思考它的成因及未来的引导策略。

第一节　谁是"网红"？

一、VR 直播与"网红"是谁？

VR 直播，VR 是一种提供沉浸感觉、现场感，继互联网、智能手机之后可能改变人类生活方式的高新技术。VR 全景直播跳出了传统平面视频的视角框定，从直播方到观看方都采取了不同以往的操作模式，在 VR 全景直播中，是由用户来决定看到的内容，而不是内容决定用户。

VR 直播目前的几大内容来源：一是体育赛事，二是泛娱乐节目，三是网红直播。我们主要来说说网红。

网络直播指用户利用网络通信技术，以网络直播平台为载体，在线进行文字语言、音视频等方面的沟通交流。早期的直播还只停留于图文直播形式，大部分都是在电脑端进行，现在，移动端直播发展成熟，并成为主流直播形式。

网红（Instant Online Celebrities），"网络红人"的简称。指在现实社会或者网络中，由于某些行为、某些事件被广大网友关注从而走红的人。

"网络红人"，是特定社会条件和人的心理因素共同作用下的产物。从最初"芙蓉姐姐""凤姐"在论坛社区上的蹿红到 2016 年"papi 酱""艾克里里"网络视频的走红，"网红"无疑是当下热捧的流行词之一，并逐渐形成新传播时代人的自我表达和社会参与的一种独特符号。"网红"现象虽然传播周期短、频率快，但是被人"谈论"的时间较长，在无时空、无界限的网络世界此消彼长的进程中，也呈现出属于自己的传播特点。

网络红人的内涵包括两个核心要素：一是依托于网络平台，即网红诞生的场域空间；二是与受众之间的互动关系。网络红人之所以能红，不仅依靠网络平台的频繁曝光，更需要和受众有不断的互动反馈才能形成眼球效应。因此，也可以将网络红人理解为依靠网络平台积聚起一定程度的个人影响力，并且在各自领域内受到粉丝追捧的一类群体。

二、"网红"这样一路走来

早在 20 世纪 90 年代中后期，网红便已具雏形。可以说，网红的演进历程与中国互联网二十年的发展迭代始终亦步亦趋。从最初的论坛、博客到如今的微博、直播平台，各个时期的网络红人其表现形式都不尽相同，都带有特定时期的印记和标识。随着以微博为代表的移动社交网络应用的兴起和普及，新时期的网络红人可以说有着层出不穷的新颖的表现形式。除了文字、图片等的传统形式之外，短视频、GIF动图、网络直播间等多元的新鲜表现形式也给予了网络红人更多表现自我、施展技能的空间。

综合梳理网络红人的发展历程，大致可以分为如下三个时期：

（一）文字网红时期

西祠胡同社区网站于1998年创办，这标志着中国BBS（Bulletin Board System，电子告示牌系统）时代的到来，同时也标志着网红文字时代的到来。这一时期，网民从互联网获取信息还多是以文字的形式。众多活跃于论坛和文学网站的草根文学笔者以他们出色的文笔、诙谐幽默的语言和快速的更新创作出大批深受网民喜爱的作品。他们也被称为网络写手，是中国第一代网络红人，其表现形式是依靠文学连载吸引读者眼球，主要代表有宁财神、痞子蔡、安妮宝贝等。

他们共同的特点是以文字安身立命并走红，留下了在那个时代里轰动一时的网络文学，譬如《告别薇安》《八月未央》《彼岸花》《莲花》《第一次的亲密接触》《武林外传》《成都，今夜请将我遗忘》等，这些网络文学拥有一大批的忠实支持者，对传统出版业造成了一定的影响。[1]

（二）图文网红时期

2000年博客的出现标志着网红图文时代的到来。除了博客外，其主要传播阵地还包括天涯、猫扑等大型网络社区。这一时期网红的主要表现形式就是"文字+图片"，网红的市场成熟化趋势也渐渐明显。其中最著名的当属芙蓉姐姐，夸张的造型和雷人的语言使她一炮而红。由于图片的强烈视觉冲击力和吸引力，网红们也渐渐开始了为了博人眼球而依靠"审丑"炒作。

（三）直播网红时期

伴随着无线WI-FI网络、智能手机、4G网络和移动互联服务的普及，"播

---

① 覃文钊.微传播时代［J］.广告主市场观察，2011(1).

客"时代的到来极大丰富了网红的生产渠道。UGC（User Generated Content，用户原创内容）的兴起催生了一大批"播客"网红，通过录制、分享视频UGC走红。

尤其是2015年下半年至2016年上半年的这段时间，不论是线上还是线下，"网红"的关注度都保持上升的趋势，被称作"网红"发展的黄金时期。从2015年11月起，"网红"直播平台开始了"井喷式"发展，从"张大奕"到"papi酱"，从"同道大叔"到"天才小熊猫""香喷喷的小烤鸡"等，一夜之间冒出的"网红"让人应接不暇，各种网络视频也层出不穷，"网红"的关注度也上升到顶峰。有数据统计，每20名普通网民中就有3个关注"网红"。尤其很多年轻人认为"网红"是一件能"低投入无风险"实现名利双收的工作，人人都梦想成为"网红"。

2016年被称为中国网络直播元年，中国作为世界上最大的在线市场，给网络直播提供了良好的发展条件，也让其越发红火。人们在镜头前无时无刻不在发布着自己生活中的一切，中国进入了全民直播时代。

本书将"播客"网红分为两类：

1. 视频分享类网红

主要表现形式是通过美拍、小咖秀等短视频制作应用录制并分享原创内容，这些视频包括段子、美妆、模仿、舞蹈等内容。主要代表有papi酱，谷阿莫等。

2. 网络主播类网红

主要表现形式是通过映客、斗鱼、花椒等网络直播平拍录制原创内容，吸引粉丝在线实时收看。有"秀场类主播网红"（唱歌、舞蹈、聊天等形式表演）、"电竞类主播网红"（网络游戏职业玩家或电竞赛事人气解说等）和"生活类主播网红"（与分享美食、运动健身等生活相关）。

三、网红经济

"网红"经济模式 Web2.0 技术和自媒体的盛行，使得"网红"在低成本、低门槛的运作下层出不穷，其传播效果不仅仅局限于娱乐消遣下的狂欢，还有通过电商、VIP 会员、直播打赏和广告变现的方式创造经济效益。

一些有较强的综合能力的"网红"运营团队也通过做形象代言人、商业合作、品牌策划、话题炒作、做微商、出演网剧等方式实行变现，逐渐形成产业链趋势，"网红"经济模式由此初建。"网红"背后的生意链条，简单来说就是依靠一个"前端"吸引粉丝，维持黏度，然后背后的运营机构将流量变现。

最典型的就是 2016 年 4 月底"papi 酱"团队建立了 papi tube 的短视频内容平台，孵化内容生产者，并于 6 月初开始涉足服装电商，充分利用新媒体平台，短视频商业化模式逐渐清晰，红人电商纷纷设立。

"网红"经济是新媒体与新传播时代的新经济形态，是一种眼球经济、粉丝经济，它的产生有其必然性和合理性，但这种新业态才刚刚起步，到底是"泡沫经济"还是长远经济链，有待进一步观望。

第二节　"网红"现象的传播特征

数字化、新媒体时代，网络红人的热度持续飙升。虽然他们走红的途径和影响范围各不相同，但都具有以下共同传播特征：

啥都敢播，吸引你眼球。由于直播行业的门槛低，早期缺乏对直播行业的有效监管，导致我国的网络直播市场鱼龙混杂。据不完全统计，2016 年由于涉黄、刷榜等原因被苹果商店下架的直播 App 超过 60 家，包括火山直播、花椒直播、龙珠直播、微吼直播等。直播吃昆虫、利用无人机偷拍女生宿舍、直播自虐等现象比比皆是，更有甚者，利用暴力、色情手段涨粉。

"网红"内容往往碎片化、浅层化、快速化，缺乏深度且没有形成系列，更无营养可言。部分"网红"甚至在巨大的利益驱使之下，为了吸引更多粉丝、获得更多利益，不惜迎合低俗趣味、挑战社会公德，这种现象既不利于自身形象的塑造，也会对社会产生负面影响。如有网络主播在 60 万粉丝的关注下，直播自己换衣服的过程赚取观众点击率。

二、都可能红，全民都动手

自媒体时代的最大特色就是人们拥有信息把控、传播的自主权。以往信息传播渠道都掌握在受过传媒专业教育的媒体人手中，而现如今，信息传播的门槛几乎消失，人人都可以成为内容生产者，人人都有可能成为网红。

在形成网红传播特色的过程中，网民的素材不可小觑，网民对于事件、人物、现象的个性化解读、分析或是恶搞都有可能成为网红传播内容的本身。

"网红"从最初的低俗化、同质化逐渐向个性化、原创化方向发展，包括段子手、新奇曝料、自黑搞笑视频等个性化内容，针对的人群主要集中在90 后的年轻化群体中，各类身份的人群都试图通过类似于酷狗直播、咸蛋超人的直播平台来开设自己的直播平台，对时事八卦自由言论，满足自身精神层面的需求。"网红"平台信息"输入"和"输出"的流动性越高，这个社交媒体平台的"分享频率"和"分享欲望"就会越高，久而久之形成了"人人皆是网红""上头条"等"娱乐狂欢"现象。

三、渠道多元，各平台开直播

当前热门的"网络主播"借助自媒体平台制作、参与节目，实时在线上和网民实现互动交流，网红们不再局限于单一的传播渠道，微博、微信公众号、美拍、直播网站等众多发布平台同时利用，争取最大限度上的用户覆盖和内容变现。

有调查报告显示，100％的"网红"会运营自己的微博账号，48％会经常使用微信，而剩余的会选择通过视频点播和网站直播来传播知名度，因此垂直领域的小众化的社交产品包括唱吧、酷狗直播、秒拍、美拍等随之流行起来。各类人群更容易通过这些平台接触新事物、新动态，我们可以在微信上刷朋友圈，可以逛唱吧、玩美拍、去 B 站各种吐槽等，各个产品的功能也越来越丰富。例如美拍为了满足年轻人对短视频的消费需求，增加了网页版，方便了用户在 PC 端的操作，而且促进了 PC 端的分享传播。此外，秒拍软件，增加了各种设计风格和个性化视频水印模式、视频实时变声功能，满足了用户个性化需求。这样便捷化、趣味化的传播平台和互动模式为"网红"提供了传播契机和虚拟美化环境，使其传播的范围更广、速度更快。

四、泛娱乐化，玩的就是心跳

所谓"泛娱乐化"，指的是网红传播的初衷或者目的是出于娱乐心理。这种传播风格使长期缺少话语权的"草根"阶层有了发声的机会，个人的娱乐天性得以释放。

2016 年，伦敦奥运会，因为一句"洪荒之力"而迅速走红的游泳运动员傅园慧，面对紧张激烈的体育竞赛，人们的关注点不再局限于成绩和荣誉，而是娱乐和调侃。此外，在如今的网络舆论场中，"草根"的影响日益明显，无论是政界、商界还是娱乐界的人物，他们的一句话、一个动作甚至一个表情，都有可能在传播过程中被娱乐化并无限放大为"网红"。

五、搞产业化，网红等于金钱

美国文化理论家杰姆逊在《后现代主义与文化理论》中指出："文化已从过去那种特定的'文化圈层'中扩张出来，进入了人们的日常生活，成为消费品。"正因如此，所以网络红人们在网络世界的娱乐已不是纯粹的精神体验，还抱有明确的商业动机。许多的"网红"背后都有专业化的网络推手，他们不乏变现手段，投身时尚行业做服装品牌的，进入电影行业宣传推销的，在微博上为企业产品打广告的更是比比皆是。在过去，企业们对凤姐、芙蓉姐姐等"审丑类"网红避之不及，品牌营销与"网红"之间毫无关联，而如今的"网红"坐拥天价广告也并非稀奇事。①

第三节 "网红"现象的成因及引导策略

2016 年我国视频直播所创造的收益得到了空前增长，因此被称为中国网络直播元年。互联网技术的发展使得网络直播呈现出百花齐放、百家争鸣的态势，由于网络直播的门槛低、互动性和时效性强，受到了人们的广泛关注。当然，直播热给众多传统媒体行业带来了新的发展机遇，创造了巨大商业价值的背后，依然存在许多亟待解决的问题。

一、"网红"现象的成因

网络红人为何能从小众团体迅速成长为互联网场域里不可忽视的群体力量？

（一）直播平台门槛低

与传统的电视直播不同，网络直播的门槛极低，只需要有一部手机或者一台电脑在直播平台注册之后就可以成为主播，技术含量比较低，而且对主播没有学历、工作经验等具体的要求，也就是说，每个人只要你有意愿都可以进入直播行业，掀起了一股全民直播的热潮。

新媒体时代到来，社交化媒体不断发展壮大，给直播群体提供了广阔的

---

① 郑文聪."网红3.0"时代的特征及受众心理，新媒体研究，2016年第6期，14 — 15页

发展空间。社交媒体与直播群体之间首先存在着利益关系，因为社交媒体掌握大量直播博主的身份信息，为获得更多利益，网红和社交媒体之间相互利用、各取所需，其共同目的都是增强自身的影响力，得到更多人的关注。社交媒体通过形式多样的文化符号、形象解释赋予网红共同的关于自身身份的意义，并以此形成网红的身份基础。

（二）网红自家有亮点

网红自身主体是整个网红传播链条上的起始环节。为了获取更多的关注，网红在网络"前台"中有意识地塑造自我形象，也就是常说的"人设"。大部分的网络红人都依靠在各大人气兴旺的社交网站发表出格言论或打造标新立异的形象来吸引受众眼球。在走红之后，更是绞尽脑汁打造鲜明的个人标签和风格特色，或秀美貌、财富，或秀才华、幽默等。在网红泛滥的当下，网红群体间的竞争也呈现出日益白热化的激烈态势，网红们不断在竞争中探索、开辟新的方向，力求在突破自我的同时避免流于平庸，在同质化的网红群体中开辟出差异化的专属个人风格，通过独辟蹊径的自我呈现打造自身的"魅力人格体"。

（三）网红要出位的需求

网络平台的产生给网民们提供了一个自我展示的平台，网红直播一方面是为了巩固自己现有的地位，另一方面则是博出位的自我需求与满足，他们需要社会上更多的人来认同他们。由于网络直播群体的不断扩大，网红们也需要通过直播来争取更大的话语权，这类人的表现欲望极强，并且受经济利益的驱使，其语言和行为就会游离于道德准则之外。网红本身就具有争议属性，这也顺应亚文化人群的特质，他们有自己独特的、个性化的生活方式和思维模式，通过与主流文化不同程度的融合，拼凑出自己的性格标签。也正是由于社会中有对抗性和异类消费的需求，才使得网红群体有了实现自我的条件。

（四）幕后有推手策划

据清博大数据发布的 2015 年网红 100 强和互联网周刊网红排行榜的数据分析显示，网红实现盈利的比例高达 85%。这种超强的"流量变现"能力使网络红人成为资本竞相追逐的香饽饽。在资本的介入和驱动下，网红不再是单打独斗的个体，开始更多地采用团队运营作战的方式将个人 IP 产业化。一个个外表看似是个人化的 IP 背后其实都有一个团队来负责策划、运营、粉丝互动、产品开发、商务合作等各项事宜；网红的内容生产也从初始的 UGC （User Generated Content）进入到 PGC （Professional Generated Content）的阶段，有一系列成熟的运作方案和专业的营销人员来保证传播内容能够源源不断地供应。

也有许多网红选择投靠更大的资本运作平台，获得更系统专业的发展路径规划。资本也鼓励社会生产更多的网红满足市场的需要，如今各种网红商学院如雨后春笋般应运而生。

（五）受众也不是省油的灯

受众是网络红人信息传播的目的地，也是网红传播效果的最终体现，无论网红如何挖空心思打造"人设"，也无论幕后的资本力量如何重金打造，最终为这一切传播现象买单的重点还是在于受众。网红群体之所以能够发展到如今现象级的程度，并不断扩张延续生命力，从根本上讲是契合了受众群体的内在心理需求。这些心理需求大致可以分为以下三种：

1. 窥探他人隐私

在斗鱼、虎牙、映客等视频直播平台上，许多秀场主播靠大尺度裸露、语言和动作来吸引受众。然而鲜有网友对此抨击举报，更多的是以一种看客的角度调侃或忽视。这暴露了人们典型的"窥私心理"。在正常的工作学习生活中，人们的压力无处宣泄，与他人的精神交流也越来越少。久而久之，在网络上窥探陌生人的私生活变成了一种乐趣。在正常生活中难以启齿的窥私成为一种堂而皇之的集体狂欢。

人都是生活在群体之中的，周围环境的变化会对人的需求产生强烈的影响，人总是希望通过多了解别人的信息来获得自身的满足和安全感。

而且人类本性中就有对于新生事物、罕见事物、未知事物以及秘密信息极其强烈的兴趣。直播就是一种主动暴露行为，它为主播和受众之间搭建了一个虚拟空间，在这个虚拟空间中，人的道德感会被弱化，之所以受到追捧，一方面是喜欢"看热闹"，人们可以毫无顾忌地围观和评价别人，另一方面则是满足自我需求，因为网红的工作和生活状态正是他们可望而不可即的。

也正因如此，那些热度极高的网红，享受到高流量带来的名誉和金钱，当然也发自内心地认可这种自我表达的方式，制造出更多博人眼球的内容，导致直播市场的混乱。

2. 从众心理一起来

"从众"指的是人们采纳其他群体成员的行为和意见的倾向。网络信息的快速迭代让人们很难自己决定去关注什么、了解什么，而由他人推荐出的话题和人物自然轻易占据了目光。在社交媒体中，人们永远在追逐新鲜事物，当网民们刷新着热门微博、热门话题时，这些所谓的新信息其实都是他人的兴趣点和关注点。虽然在物理空间上，个体与个体之间并没有实质的交流和接触，但在知觉、判定与认识上，每个人都受到来自其他个体观点的影响。而网红作为互联网舆论场域中嗅觉极其敏感的产物，往往对话题起着推波助澜的作用，他们站在舆论发展的潮头，人们在大量的信息中容易丧失主见，逐渐从众。

3. 投射心理在作怪

对于受众而言，网红是网络空间中的小明星，但又不同于演艺界的明星，因为网红更亲和，更贴近生活。这种亲和性一方面来源于网红的草根出身属性，对于受众而言，网红也是普通人，虽然在网络空间中脱颖而出具有相当的影响力，但在现实生活中依然是和受众具有同等地位的普通人。网络给予普通人影响力的同时，也使得受众更容易对这些普通身份出身的网红给予更多的认同，他们现实生活中平凡普通的身份无形中拉近了与受众之间的心理距离。不同于以往对传统明星高高在上的崇拜，受众对于网红更像是一种"微仰角"的关注关系，网红呈现给受众一种只要努力勤奋也许就可以达到的成功样本，获得网络影响力的过程本身对于广大受众即具有激励和鼓舞作用。受众会在关注的众多不同类型的网红身上形成对自身的投射，这种投射中包括自身理想达成的预期，也包括很多隐蔽而不便公开的欲望和想法，这些受众的自我期待在各色各样的网红身上通通可以实现，进而也在一定程度上给予了受众实现自我认同的慰藉。①

二、对网红现象要进行监管引导

(一) 加大网络监管力度

2016 年，国家新闻出版广电总局下发《关于加强视听节目直播服务管理有关问题的通知》，通知中再次强调了广电总局的一些规定，要求所有直播平台必须持有《信息网络传播视听节目许可证》，否则不能从事直播业务。同年文化部印发的《网络表演经营活动管理办法》也对网络直播的相关事项进行了规范和限制。这些政策法规的颁布都对直播行业的规范化运行起到了巨大的推动作用。越来越多的直播平台也开始意识到，那些违规的直播内容在带来短期利益的同时会造成更加严重的后果。

因此，对于直播平台的违规现象必须实施强有力的处罚，加强经营主体的管理、加强直播内容和表演者的监管，建立违规直播后的处罚、建立违规主播黑名单，采用实名制和信用制的手段限制平台和主播的违规行为。适当提升直播的进入门槛，有利于增强主播群体的综合素质，同时还应对直播群体加以正确的引导，让其对自己的行为所带来的影响有充分的认识。

---

① 刘山山.对当前直播现象的探析,科技传播［J］.科技传播,2018,10（02）:113 — 114

（二）坚持"平台"规范

目前"网红"平台数量越来越多，例如微信公众号、微博号、bilibili（国内知名的视频弹幕网站，又称"B"站）、秒拍、爱奇艺、YY 直播、花椒直播等几乎囊括了年轻一代的社交平台。

但目前的"网红"平台依然局限于非规范化的、非整合化、自发组织下的传播，属于低成本、低门槛的操作。平台比较分散，且没有形成一定的运行规则。未来"网红"的发展平台应该走更加模式化、规范化和专业化之路。网站直播和自媒体营销将成为"网红"崛起的重要工具和手段。将直播平台和短视频 UGC 的机制融合起来，充分利用两者的优势。只有这样，才能形成"网红"行业的良性循环，形成综合性的、规范化、整体化的"网红"直播平台。

（三）生产专业内容

随着"网红"自身传播热度日益飙升，靠网络推手、商业炒作、浮夸自黑而红极一时的网红必然会被社会淘汰，因为没有形成自身的内容优势。"网红"应该杜绝生产无底线、无原则、低俗化内容，加大生产专业化、原创性的内容，打造自身的内容优势，以特定的设计板块设置相应的内容，挖掘更多、更具有新意、更具有传播效应的点，坚持"深度"引领。

只有"网红"能生产优质原创内容、形成自己的品牌竞争力，才能完成从"网红"到"网星"的华丽转变。

（四）受众发挥监管力量

直播因受众的存在才得以生存，所以受众是有监督权的。受众完全应该发挥自己的力量，对于违规的直播内容坚决抵制并及时举报，良好的直播环境需要依靠各方的共同努力。

网络直播是数字媒体发展的新产物，"网红"是受人瞩目的传播现象，其背后存在的问题不可小觑，所以在直播热的背景下也引发人很多的思考，如何净化当前的网络直播环境，这需要主播创造出更多优质的内容，需要监管部门的严格管控以及受众的认真监督。

本章作业

1. 简述"网红"的形成原因与其主要特点。

2. 如何对"网红"现象进行有效疏导与监管？

第十章　新媒体传播伦理

习近平同志在党的新闻舆论工作座谈会上的重要讲话中提出，"新媒体也要讲导向"，这为规范新时期新闻传播行为确立了根本原则。近年来，以移动化、微传播为特征的新媒体传播改变了媒体生态，网民个体的自生产、再传播成为普遍行为，新闻传播的活跃度大幅度提升，同时也给新闻传播有序发展带来了挑战，出现不少新媒体传播打破伦理规范的现象。

麦克卢汉曾经预言，网络媒介迅速演变，延伸成为人体感知器官，甚至在人类社会关系中发挥不可替代的作用。与报纸、广播、电视等传统媒体传播方向截然不同，新媒体为普通大众提供了表达意见、互动交流、吐露心声的平台，但也会较容易被负面信息所利用，对社会造成巨大的危害。因此，为了营造一个健康安全的信息环境，强化新媒体的自律与他律显得尤为重要。

从用户的角度来看，在信息爆炸的网络社会，信息的冗杂与碎片化容易"迷惑"公民的传播伦理道德取向，他们中大部分人缺乏对自媒体系统认识，很少接收过新媒介素养教育及传统道德教育。自媒体信息"把关人"责任意识的缺失，导致公民在现实社会中传播伦理失范，散布谣言、隐私泄露、谩骂攻击等成为当下常见现象，公民把自媒体当成情绪发泄的场所，由此产生的社会怨气更加影响到社会的稳定。

所以，新媒体在给我们带来便捷通信与海量信息的同时，高度自由的传播环境也时时考验着新媒体使用人群的伦理规范与道德底线，新媒体传播过程中的"失真问题""安全问题""污染问题""知识产权问题""传播信息造假""层出不穷的信息污染""网络安全""网络侵权"问题等交织成了新媒体传播环境下的伦理失范。对新媒体传播实践中所遇到的伦理道德问题,有必要进行深入的理论研究并提出相应对策。预防新闻传播失范,一方面靠制度从外部进行约束,另一方面靠伦理从内部进行约束。新媒体传播并非无禁区,需要树立一些核心伦理理念、形成基本伦理共识。[①]

第一节　国内外研究现状

关于传播伦理失范的表现。凯斯 R. 桑斯坦、克利福德·G. 克里斯蒂安等研究网络伦理、媒介伦理等。凯斯 . R. 桑斯坦的《谣言》认为谣言是信息社会最大的隐性威胁,由谣言引发的集体行为是信息传播伦理失范的表现。克利福德·G. 克里斯蒂安等著作《媒体伦理学:案例与道德论据》认为娱乐暴力、欺骗、隐瞒真相、侵犯个人隐私、虚假宣传等都是媒介传播过程中的伦理失范现象。

关于传播伦理失范的原因,国外学者做了大量关于媒体伦理的研究,以伦理规范原则为研究核心,真实客观、责任意识、公众利益、职业道德等是主要研究方面。威廉姆斯《记者守则》中提到了新闻职业的道德规范。克利福德·G. 克里斯蒂安等著作《媒体伦理学:案例与道德论据》中发现人们在日常生活中,未能意识到的伦理失范的成因有:蒙骗与欺诈、暴力报道、经济诱惑等。关于传播伦理失范的影响,赛伦·麦克莱在《传媒社会学》将暴力节目、低俗小说、色情信息等电视节目中的暴力视为传媒暴力,认为是产生诱导公众暴力行为的暗示性信息,对公众及社会产生不好的影响。丹尼尔·贝尔《资本主义文化矛盾》重点探讨了"后工业社会",他认为技术成为主要力量,促进社会、经济、政治等各方面发展,信息与知识成为社会主导

---

① 胡钰.确立新媒体传播的伦理规范,人民日报,2016 年 3 月 2 日

力的同时也带来相应的弊端。

公民自身的伦理道德意识是构建公民传播伦理原则的核心。法国社会学家迪尔凯姆认为人的欲望产生社会失范，"人们的欲望只能靠他们所遵循的道德来遏制"。①

美国的伦理学家莱斯格认为，法律、规范、市场和代码是规范人类行为的四种规范力，他认为社会隐藏的框架会限制、规范人们的行为。②

罗伯特·巴格则从人类基本行为准则与计算机技术发展分析网络伦理，并提出采用真实公正等三条网络伦理的基本原则。③

周鸿书、邓名瑛、蓝鸿文等侧重研究新闻伦理方面，李伦、严耕等则主要对网络伦理方面有较多研究。周鸿书在《新闻伦理学论纲》中提出新闻伦理学是研究新闻道德的新兴学科，以新闻从业人员的道德品质和道德修养为研究对象。陈汝东认为，所谓传播伦理就是传播过程中或传播行为所涉及的道德关系，传播道德是人类传播行为的道德以及传播行为有关的道德，是人类传播活动中所遵循的行为准则。④

针对"公民传播伦理"没有太多解释，周国文认为，公民传播伦理是公民的道德意识，是公共领域中的社会生活角色对自身行为的自律与认同。

关于公民传播伦理失范的现象，钟瑛在《网络传播伦理》介绍了网络传播内容中泛滥的几种类型：虚假信息、网络色情、垃圾信息以及极端情绪性等有害信息。陕西师范大学的董洁认为，网络伦理失范的现象大致分为网络诚信危机、网络人格异化、网络主体社会价值取向混乱以及网络侵权。⑤

关于传播伦理失范的原因，彭兰、钟瑛、沈蔚等学者认为失范与网络技

① ［法］埃米尔·迪姆凯尔.社会分工论［M］.渠敬东译，北京：三联书店，2000：35
② 刘曙光.劳伦斯·莱斯格：代码：塑造网络空间的法律［J］.网络法律评论，2007（00）
③ 王正平.美国计算机伦理学研究与计算机职业伦理规范建设［J］.江西社会科学，2009（04）
④ 陈汝东.论传播伦理学的理论建设［J］，伦理学研究，2004（03）
⑤ 董洁.网络伦理失范与价值建构［D］，陕西师范大学，2014

术特点、公民自身媒介素养、公众利益等有关。陈绚在《大众传播伦理案例教程》中认为媒体伦理失范主要由于传媒职业不规范、媒体自律意识不强等造成。

沈蔚在《新媒介技术之伦理张力——以网络传播为例》中认为网络媒介技术的发展是产生隐私威胁、信任危机等一系列危害的原因。钟瑛在《网络传播伦理》中介绍了网络传播行为的变异、网络传播效果的失衡等原因。李彬在《传播符号论》中指出福柯话语理论的核心是知识与权力的关系，以媒介话语的"轰炸"使公众话语盲目偏向。

公民传播伦理失范对个人及社会有影响。钟瑛、陈徇等在其著作中提到伦理失范产生信任危机、破坏社会稳定、暴露私人隐私等影响。胡泳在《众声喧哗——网络时代的个人表达与公共讨论》中指出个人如何通过网上的自我构建，个人在虚拟网络中的意识、行为所暴露的信息时代的隐私对社会产生的影响。

王学川、韩丽、叶捷思等人就自媒体在教育、社会、法律等领域进行了研究。王学川认为："高校要更新观念，充分利用自媒体使高校的政治思想工作形成新的合力，完善监督体系。"[1]

关于公民传播伦理原则构建，陈汝东《传播学理论》提出尊重他人、尊重信息资源，处理自由与社会、个人隐私与社会监督等矛盾的关系，以及网络法制建设。钟瑛、牛静在《网络传播法制与伦理》中对我国互联网相关法规管理、道德控制的问题进行探讨。

广西师范大学的叶耿标认为，构建自媒体传播伦理的基本原则是坚持自由与监管原则、公平与正义原则、权利与义务原则、自律与他律原则、诚信原则。[2]

---

① 汤力峰、王学川.自媒体环境下高校思想政治工作创新［J］，中国青年研究，2012（03）：10
② 叶耿标.基于自媒体平台的传播伦理研究［D］.广西大学.2013

第二节 新媒体传播伦理之痛

一、传播伦理

所谓传播伦理就是传播过程中或传播行为所涉及的道德关系，传播道德是人类传播行为的道德以及与传播行为有关的道德，是人类传播活动中所遵循的行为准则。[①]

人类传播是一种有意识的行为，是复杂多变、难以揣摩的。从传播主体的形态、传播的领域、传播的符号等，不同的分类标准有不同的传播类型。当前学术界对传播伦理的分类呈现多样化，按传播信息中涉及的行业、领域分为新闻传播伦理、政治传播伦理、文艺传播伦理等；按传播信息中的信息类型分为图像传播伦理、视觉传播伦理、语言传播伦理等。

二、新媒体伦理问题

（一）散布谣言和虚假不良信息的集散地

自媒体的开放性、匿名性等特点，虽增强了公民互动，但信息传播不受约束反而加速谣言传播。自媒体准入门槛低刺激了公民传播，其缺乏自我伦理道德的自律与约束，难辨自我传播行为是否符合一般传播伦理道德规范。

谣言通常是部分有目的的传播者，故意编造、捏造缺乏客观事实依据进行传播的信息。桑斯坦的《谣言》中把网络谣言的"生产商"分为四类：谋求一己私利的人、哗众取宠的人、追求政治利益的人以及恶意中伤的人。

---

① 郑文聪 . "网红 3.0"时代的特征及受众心理，新媒体研究，2016 年第 6 期，14 — 15 页

随着微博、微信等自媒体的发展，以个人为中心的谣言编造与散播已经逐渐走向公司化、多链条的发展趋势。微信公众号的盛行无意识地为谣言生产与传播走上公司化、专业化操作打开了"市场"：2015 年的微信朋友圈里广泛传播的"草莓乙草胺超标 7 倍可致癌""长期喝豆浆会致乳腺癌""打隐翅虫会致命""沐浴乳致癌"等谣言，甚至主流媒体的官方公众号都一度打出了参与 ×× 活动赢得"55 度纳米控温杯"，随着谣言被揭露，公民意识到微信也成为谣言散播的新战场，不得不让人恐惧。这些微信公众号所属公司通常旗下拥有数十个有影响力的公众号，以"传帮带"的经营模式发展各地微信公众号代理商，四处散播谣言，严重破坏了社会公共生活、社会经济的正常秩序。

信息冗杂的网络世界，大部分公民都没有专业素养以及缺乏主观价值判断，仅凭自我意识、个人喜好出发，盲目跟从散布、传播谣言，没有意识到"个人"传播行为会产生的消极社会影响。

虚假信息即内容不真实，且有强烈欺骗性目的的信息。而谣言是没有事实根据的信息。二者区别在于谣言包含于虚假信息中，谣言的"攻击性"强，而虚假信息"欺骗性""迷惑性"的特点更多，以捏造虚构事实、隐瞒真相的内容通过欺骗他人、获取对方信任的方式，让人陷入认知上的错误从而达到目的。虚假信息的内容一般涉及政治、经济、娱乐等领域。当前公民热衷于传播与政治相关的虚假信息，都带有个人情绪，网民的过度评论表现出了其价值观的偏向；娱乐相关的虚假信息，不惜编造谎言、暴露名人来博取公众眼球，愉悦自己，娱乐众人；而涉及经济相关的虚假信息，一般都逃不开诈骗嫌疑，网络加速虚假信息的传播，导致受欺骗、上当的公民越来越多，公民能够通过互联网、假冒银行网络、手机木马软件等传播虚假信息，迷惑、欺骗公民。海量信息的碎片化，以及公民缺失专业知识及职业道德教育的引导，虚假信息的传播进一步扩大传播范围，产生更恶劣的影响。媒介"把关人"的责任缺失，信息质量下降，公民被错误"引导"无意识传播虚假信息。

（二）散布三俗等不良信息的平台

三俗,指"庸俗""低俗""媚俗"。三俗信息,主要是指传播一些低级趣味、粗俗、不文明等不堪入目的不良信息。由于微博、微信等自媒体的准入门槛低,网络的匿名性与便捷性成为公民散布三俗信息的重要场所。

美国的传播学者梅尔文·德弗勒认为:"低级趣味内容是美国大众传播内容的主题。即那些不断触怒批评家、广泛传播并拥有广大受众的内容,例如强调暴力犯罪的电视剧、有线电视、录像带和电影中的色情内容,提供人隐私的杂志,挑逗性音乐,或其他被广泛认为起到降低情趣、败坏道德或刺激社会所不容许的行为的内容。"

为迎合受众的"大众口味",满足受众"好奇"与"兴奋"的心理需求,一般而言,散布的三俗信息主要涉及色情、黄色、低级趣味等偏离了社会正常伦理道德的内容:诸如涉及政府官员的腐朽、糜烂的生活作风;各种社交场合的"荤段子",以及一些具有暗示性的"性骚扰"内容;甚至一些类似"带我装 ×,带我飞"庸俗语言成为网络流行语等。朋友圈、QQ 经常发些搞笑、低俗的表情,公民散布三俗信息,一方面是可以迎合社会"异化主流",既满足市场大众化需求,又满足自己的需求。但本质上还是由于意志薄弱的公众缺乏正确的伦理道德意识引导,以致刻意附庸风雅、盲目迎合大众,传播一些庸俗、低俗、媚俗的信息。

（三）泄露隐私、谩骂他人的工具

英国经济学家哈耶克说过,"市场经济最重要的道德基础就是'责任',如果没有这种责任感,任何的职业都将失去其社会价值,完全丧失了责任感的个人已经不能视为文明社会的一员"。

1.泄露隐私

泄露隐私就是丧失社会责任感的体现。隐私,是指个人的、隐蔽的、不愿意公开的秘密或私事。自媒体匿名性、开放性等特点,助长泄露隐私的传播行为:个人数据信息的外泄、公众人物隐私的泄露及"人肉搜索"是最常见的表现形式。

个人数据外泄，主要涉及各大网站、软件运营商等利用软件安装包的
"Cookies"将个人姓名、身份证信息、手机号等个人隐私资料以金钱进行交易。
尤其在自媒体迅猛发展的环境下，手机用户安装软件时会强制性被迫同意读
取短信、联系人等选项，才允许安装使用软件。这类"常态化"的隐私泄露方式，
虽让人愤怒但也无奈。

当前许多"人肉搜索"发布的信息都是虚假的，带有一定报复性与攻击性，
公民辨识能力不够，这种行为更具"杀伤力"。泄露者将被泄露者的真实身份、
家庭成员、工作单位等个人隐私公之于众，甚至编造事实给被泄露隐私的人
及亲属带来身心伤害、精神摧残，严重危害其正常的社会生活，不利于社会
的正常发展。

2. 网络舆论暴力

网络舆论暴力主要指集中在微博、微信、论坛等自媒体平台上形成的煽
动性、刺激性等具有攻击他人性质的语言暴力行为。

网络的虚拟性与匿名性，以及自媒体的"自我"个性化特点，放大了公
民情绪，夸大公民自主话语权，公民肆无忌惮地表达。部分公民经常口无遮拦，
带有偏见、仇视心态、毫无缘由地对他人进行人身攻击、污蔑他人，已经成为
积习难改的恶行。若被别有用心的人利用，谩骂的失范行为会成为"致命"武器。

（四）虚假不实广告泛滥

虚假不实广告，即广告内容与产品情况不相符。这类广告往往夸大的宣
传产品，有目的性引导消费者产生购买行为。传播虚假广告，实质是一种欺
骗性传播行为。网络信息过于冗杂，一些别有用心的商家大肆利用自媒体的
虚拟性、互动性特点，从内容到形式夸大其词地传播虚假不实的广告，以此
迷惑公众，诱导公民掉入陷阱，或者进一步助推欺骗性传播行为的蔓延。

（五）无节制展示私生活、娱乐狂欢的舞台

私生活是不被包括在社会活动范围的个人性的行为，没有义务公开的私

人化活动。无节制地展示私生活是没有限制，过度展示私人行为的活动。

突破道德底线与职业操守的传播伦理加速公民传播行为的失范。部分公民"过度"展示自己工作、生活，从早到晚、时刻"展示"个人私生活，每天"直播信息"高达数十条，也没有考虑到他人的承受力。

（六）随意转发，熟人关系下的过度信任

基于熟人关系发展而来的微信更能体现这种盲目的信任与情绪化表达。微信关系更多的是来自现实社会中的同学、同事、朋友等关系群，具有更为可靠的熟人关系。而这种熟人关系下的信任也往往容易导致情绪化表达和谣言滋生。

例如，2015年的微信朋友圈曾经被"建议拐卖儿童死刑"这样一则帖子刷屏，该帖"不求点赞，只求扩散"。正是大家基于对朋友圈中熟人信源的信赖，随手转发而忽视对其进行必要的理性辨别。

（七）公众号信息推送下的媒介伦理失范

公众号信息推送是新媒体区别于传统媒体的另一个关键之处。人们可以根据自己的兴趣选择自己需要的公众号，通过这些公众号的信息推送来满足自己对新闻信息的需求以及对社会日常的了解。公众号的信息推送打破原本单一的通过新闻媒体获得信息的渠道，人们可以通过公众号生产和获得各行各业的信息。这种伴随社交媒体而存在的新闻信息推送形式极大地占领了受众寻求信息的市场。同时，公众号的过度发展，也带来了一些需要反思和注意的媒介伦理问题。

（八）不尊重知识产权抄袭侵权

抄袭乱象是当前公众号存在的一个严重的媒介伦理道德问题。由于众多的公众号是每日推送甚至一日推送几次，很多的公众号都是个人或者企业单位的少部分人负责。面对社会热点，公众号需要及时为受众推送相关消息，而公众号在这方面缺乏原创内容生产能力。在多数情况下，一些公众号尤其是个人公众号在生硬地抄袭他人的原创内容时，往往不征求原创内容生产者的同意，同时也不提及内容出处等。在传统的免费的互联网思维下，公众号之间互相抄袭，无视他人的知识产权，甚至利用他人的原创内容进行相关的盈利行为，这些都是严重的侵权行为。

（九）不尊重新闻事实，煽情编造

公众号区别于传统媒体及其新媒体传播渠道的最为显著的特征是处理新闻信息的专业性。在很多公众号的价值观中，如何通过内容推送获得最大量的转发与阅读，提高公众号粉丝是其第一要务。一个新闻事件出来，往往思考的是快速报道、转发、传播，而忽视"事实第一性、新闻第二性"的新闻理念。在内容生产中，标题党、断章取义、虚假报道、娱乐化、低俗化等手法经常出现，而且往往越是煽情越是容易造成传播上的轰动效应。这种一味注重阅读量与传播效果而忽视新闻事实与社会责任的行为，往往极易造成不明真相的受众的情绪极端化以及滋生谣言，甚至引发舆情危机，造成不必要的社会损失。尤其是此类信息在经过长时间、大量的传播后，会潜移默化地影响人们对某一事物的看法，使人们的社会伦理观念发生偏离。

第三节　新媒体伦理失范的危害

一、不利于良好公共道德秩序建设

哈贝马斯的"公共领域"要满足三个构成因素：公共意见或者公共舆论、公共媒介以及公共场所。网络社会是公民话语表达的平台，公民借助自媒体等公共媒介在平台中畅所欲言，是形成公共舆论的重要公共场所。在网络社会中，现实世界的传统生活方式虚拟为"数字化生存"，人们的社会交往突破了时空的阻隔，不同国籍、民族、地域、年龄、性别的人变成了同一个"社区"的"守望者"，并在适用范围上趋于扩大，网络行为和其他社区行为有一定的道德规范和原则，在公共领域追求道德有序状态形成社会公共道德。

　　梁启超先生说过，"人人相善其群者，谓之公德"。公共道德是指公民在社会生活中应该遵循的行为道德规范与准则，在公民与社会之间起到约束作用，有利于社会和谐稳定发展。数字技术漏洞促使公民传播伦理失范，不利于建设良好的公共道德秩序。

　　技术的变革推进媒介升级，网络为公民提供了自由言论的公共领域，在现实社会中法律法规是强制规范公民言行的约束力，但在网络的公共领域，社会公德是公民之间的默认活动原则，是在网上活动的软约束力，是维系网络社会秩序的一种规则。网络社会的公共秩序是不同社会主体的公民之间为维系共同利益而形成的原则。公民针对社会热点事件、娱乐明星等一切公民在现实中关注的话题或者有社会影响力的事件，让公民在网络公共领域中的交谈形成公共舆论，从而形成现实与网络的互动关系。网络的复杂使公民自律意识被弱化，无意识"摒弃"了原本传统的社会正常的伦理道德规范与行为标准，网络的多样性致使公民与社会之间互相约束的行为规范产生偏向，盲目跟从社会大多数人的偏向的行为准则为指导，导致网络公共秩序的紊乱。自媒体的匿名性让公民能够自由进行话语表达，但滋生了破坏社会公共道德秩序的行为。① 不法分子趁机利用网络散布谣言、虚假信息，煽动公众情绪诱导其产生负面的舆论，舆论导向的偏向刺激公民盲目的传播行为破坏社会秩序。

　　谣言、虚假信息的盛行，破坏网络舆论生态环境，导致某些公民随意利用网络对他人进行人肉搜索获取他人隐私、肆意攻击谩骂他人，却没有得到法律的惩处，从而进一步刺激公民暴力行为，扰乱规范公民社会行为的法律秩序的建设。正是由于法律制度的不健全、教育的缺位、媒介素养的缺失，导致公开买卖粉丝谋取暴利、过度炫耀展示自己私生活等种种传播伦理失范的行为有增无减，公民自身的自律意识不强，意见领袖的正确舆论引导缺失，

---

① 　徐云峰.网络伦理［M］.武汉：武汉大学出版社，2007：80

不利于形成正确的传播伦理行为准则，以致不断破坏维系社会和谐、稳定发展的社会公共道德秩序，影响网络社会公共道德秩序的建设。

二、不利于有序政治参与

政治参与就是普通公民通过一定的方式直接或间接地影响政府的决定或与政府活动相关的公共政治生活的政治行为。

公民享有权利，但同时也有承担责任的义务。公民的政治参与是公民行使权利、承担责任的一种方式。公民的政治参与是通过采取一些合法的手段，影响政治决策而实现自身利益与价值目的的政治行为。自媒体时代为公民提供了自由的话语表达的网络公共领域，公民能在网络空间畅所欲言，就社会热点、国家大事等关注的话题进行全方位的沟通、交流。公民在遵守社会公德、政策法规等原则下进行理智、有序的社会活动，政府机构倾听公民的声音，了解其现实需求，为国家政策等提供积极建议。有序的政治参与有助于国家民主的发展，无序的政治参与不利于公民、社会的和谐发展。"无序的政治参与是指公民通过无序、混乱、非制度性的方式参与国家政治生活的过程。"

随着微博、微信等自媒体的出现，传统话语权的转移，公民拥有充分自由的话语表达以实现自我诉求。虽然国家出台相关政策强调扩大公民有序的政治参与，自媒体时代也着实为公民有序政治参与提供了可能性，提升话语表达权，然而自媒体时代网络的开放性、匿名性、交互性特点为公民提供了自由话语表达的公共领域，在此领域公民不受时间、空间的限制，不受现实社会规章制度、法律的约束，增强了公民表达意识。自媒体媒介的特性赋予了公民更高的政治参与期望，但自媒体的开放性、隐匿性等特点让虚假信息、谣言等充斥网络，使得公民被不实言论、碎片化信息影响形成负面舆论，部分动机不良分子借助网络的特性肆意煽动公民情绪、破坏社会稳定，网络的优势反而削弱了规范公民言行的法规制度的约束力，进一步弱化了公民自律意识，以致部分公民"天性"解放尽情宣泄，发表一些过激、不实的言论，公民过度表达诱发社会不稳定因素的突变，不利于公民有序政治参与。过度表达导致机会再次被剥夺、诉求渠道被堵塞，公民更难有序政治参与。

三、不利于良好社会心态培养

良好、有序的社会秩序是人类生存、国家发展的先决条件，人的社会心态影响国家的前景，是社会政治、经济、文化等领域重要的"调和剂"。历史证明，一个国家公民心态的健康与否，可以给这个国家的决策、政治和经济生活带来深远的影响。

社会心态是社会改革的"风向标"、发展的"晴雨表"、稳定的"安全阀"，作为一种社会意识是无形的，对社会存在具有能动的反作用。

王俊秀认为：社会心态是在一定时期的社会环境和文化影响下形成的，社会中多数成员表现出的普遍的、一致的心理特点和行为模式，并形成为影响每个个体成员的模板。

杨增崟认为：社会心态，在我国并非心理学研究领域的专属名词，反倒是马克思主义和社会学领域讨论地比较多。就其定义来说，社会心态是指反映特定环境中人们的某种利益或要求并对社会生活产生广泛影响的思想趋势或心理倾向，它揭示的是特定社会中人们的心理状态，是一定社会背景下社会成员对社会生活现状的心理感受和情绪反映，具有显著的弥散性、多维性和大众性。

有学者认为：社会心态是指在一定时期形成的、表达和代表社会成员态度、观念与意志的社会心理状态，它通过社会成员社会认同的需要而强化、左右、诱导社会成员的态度、观念、意志以及信念的形成、保持和变化。孙伟平认为：所谓社会心态，是以整体面貌存在和流行于社会成员之中、并内化在每一个人身上的精神状态，是以社会情绪情感、社会态度、社会风气等感性形式表现出来的各种精神因素。

杨宜音认为：社会心态是一段时间弥散在整个社会或社会群体／类别中

的宏观社会心境状态，是整个社会情绪基调、社会共识和社会价值观的总和。

对于不良社会心态的论述很多，黄碧蓉在《当代大学生健康社会心态培养研究》中提出社会心态误区主要表现为：焦虑、浮躁的心理、恋爱原因、消费攀比心理；苏海南（中国劳动学会副会长）认为消极和错误的社会心态主要反映在五个方面：一是浮躁心态相当普遍，二是恐慌心态有一定市场，三是冷漠心态仍较多见，四是低信任度心态仍较泛滥，五是仇富仇官心态比较多见。

聂智、曾长秋在《负面心态治理：虚拟社会管理新视阈》中提出负面社会心态主要表现在：一是怨气甚、恨社会、骂体制，二是俗气重、重享乐、频恶搞，三是火气大、带情绪、易偏激。

自改革开放以来，至今我国仍然处于经济社会的转型期，经济、社会、利益的变动与调整，引发公民思想的变化，从而人们的社会心态随之出现多元化的特点，既有积极社会心态，也有消极的社会心态。社会心态反映的是社会群体对社会的期望和态度，是一种情绪和价值观的综和表现。

当前我国社会普遍存在一些不利于培养良好社会心态的消极因素：无节制炫耀、展示私生活、无底线恶搞等，刺激了消极社会心态的蔓延，导致"炫富"等现象的产生。转型期人们日益增长的物质需求与精神文化需求的差距，公民面临影响公民正确的娱乐价值取向的危机。

道德是人的一种特殊的社会规定性，是社会的一种特殊的人的价值观念。道德既是社会调节的一种特殊手段，又是人实现自身统一、精神完善的一种特殊方式，它始终植根在人和社会不可分割的联系之中。

当下公民传播伦理的失范，过度娱乐化是其中原因之一。娱乐价值是一种价值观，能够影响人们言行的价值取向。正确的娱乐价值是指传播客观真实的娱乐信息，且符合社会公德，有利于公民树立健康积极的娱乐心态，维护社会的和谐稳定。

第四节　重塑新媒体伦理规范

一、顺应世界潮流——同步全球新媒体伦理变革

与国际同步，顺应世界潮流，关注新媒体伦理变革。媒体伦理学的研究，与其他学科一样，是不可能闭门造车的。我们要探讨媒体伦理案例、反思伦理理论、建构媒体伦理体系，需要借鉴国际上的一些先进研究成果。整理、评析全球各国的媒体伦理规范，借鉴先进经验，思考新媒体传播伦理建设的新命题，加快完善我国新媒体传播伦理建设。

二、塑造伦理文化——加强新媒体伦理理论研究

要加强新媒体传播伦理研究。高校以及各类研究机构深入研究其传播规律，提出完整、系统的伦理理论体系。基于传统媒体的新闻伦理已经遇到了严峻挑战，在2016年美国大选结束后，哈佛尼曼新闻实验室总监 Joshua Benton 说道："如今的媒体生态，每一天都在让裂痕进一步扩大。主流的媒体形态日渐衰落；个性化的社交信息流在苗壮成长，这里独创的信息流在迅速传播；而空心化的媒体产业正在远离社交人群，正如膨胀的宇宙中，不同的星系正在彼此远离那样。"①

对于这种新的传播格局及其影响，政府要密切关注，设置相关课题，引导相关研究。以新闻领域为例，"新新闻伦理"主体不仅是新闻从业者，更是数量急剧膨胀的"公民记者"。以网络空间社区为依托，以新媒体传播特征为

---

① 刘曙光、劳伦斯·莱斯格：代码：塑造网络空间的法律［J］. 网络法律评论，2007（00）

对象，以"公民记者"为主体，形成明确的伦理主体和伦理意识。"公民记者"是传统新闻伦理的"掘墓人"，他们的出现一方面加剧了传统新闻伦理的解体，另一方面也将促使"新新闻伦理"的产生。网络空间的意见领袖（Opinion Leadership）的建设尤为重要。意见领袖凭借其专业知识、思想高度和跨越群体的优势，对他的追随者产生显著的影响。[1]

以意见领袖为先驱，驱动"新新闻伦理"文化逐渐形成，不断影响处于这种文化内部和边缘的行为，形成良性循环，"新新闻伦理"才能得以确立并普及。

三、调控伦理约束——行业协会组织建设

新媒体伦理的核心不再是自上而下的规制，而是由下而上的自律，这就需要相应的行业以共同体组织建设和行为共识建设来保证这一自我约束的实现。建立行业共同体组织、行业协会，这类社会组织需要综合考虑当下的媒介格局，延展覆盖的群体范围，同时具备代表性和影响力。例如中国记协成立了新闻道德委员会，但目前面对的主要是职业新闻人群体，还需要对非职业新闻人群体建立相应的组织，形成基于网络空间的行为共同体。

一个完整的新闻伦理体系的建构，离不开一个良好的约束体系。政府要鼓励和引导学界、业界、社会公众等各类多元化社会主体，对新闻传播进行积极的、主动的舆论评议，营造一个良好的舆论氛围，进而对网络空间信息的发布者和传播者形成软性的社会监督和责任管理。这虽然无法做到对个体的硬性责任追究，但可以营造出一个良好的、具有道德约束力的舆论场域，很大程度上可以抑制伦理失范。这类组织的覆盖面要大，真正覆盖到新媒体的各个群体，也要在新媒体业内真正有代表性、广泛性和影响力，能够调动政界、学界、业界与社会公众共同参与的积极性。

---

① 王正平.美国计算机伦理学研究与计算机职业伦理规范建设［J］.江西社会科学，2009（04）

有关主管部门和广大社会组织等还可以通过设立社会监督员、新闻评议会和行业协会等方式对新媒体的传播活动进行监视和督促。西方国家往往通过建立传媒行业协会，对大众传媒的传播行为进行有效的监督。在我国，传媒行业协会的建立还在起步阶段，某些作用和功能还没有起到实质性的效果和功用，其监督的功能没有发挥应有的作用。因此，我国应该借鉴西方传媒行业协会的先进经验，结合我国的传媒实际，完善我国新媒体行业协会的功能和作用。

四、培养伦理能力——完整系统的媒介教育链条

网络空间的伦理行为引导，不仅需要外部引导与约束，更需要能力建设，让更多的网络传播者明白行为边界，提升"新媒体伦理"能力。

加强新闻伦理教育。从中小学到高校，形成完整的媒介教育链条。"只有当受众对于自己的需要有高度成熟和全面的认知，个人化新闻较当今编辑制度的优越性才会得到体现。"

儿童和青少年是接收新技术影响最深刻的一个人群，处于最容易接收新闻伦理观的年龄阶段。在中小学义务教育阶段，建立媒介教育的相应课程理论体系十分重要。在高校的新闻人才培养中，要重视新闻伦理课程的设置，注重新闻人才伦理能力的培养。

建设新媒体中的新闻伦理讨论平台。充分发挥新媒体的传播效力，发动各方面网络意见领袖和学界、业界代表人物共同发声讨论网络空间的新闻伦理问题，积极建设微博、微信与客户端中的新闻伦理传播平台，培养浓厚的"网络空间行为共同体"意识，就会在新媒体中形成强大而持续的自我引导力量，提升网络空间公民记者的伦理能力。"现代社交媒体使任何人都能轻而易举地迅速与他人分享信息，因此使普通人获得了集体议程设置的力量，而这种力量过去只掌握在大出版公司和广播公司手中。确定这一新的媒体环境的影响及其长期的后果是人类目前集体进行的一场巨大实验。"

五、认真贯彻执行——树立新媒体传播伦理法则

1. 尊重客观事实

新媒体传播中，一个事件出来，往往是以最快速度报道、转发、传播，而且越是反常的内容越传播得快，成为一种"病毒式传播"，甚至加上情绪化的评论，带来新媒体中的谣言满天飞。这种"快传播"行为忽视了最根本的"事实第一性、新闻第二性"的新闻本源理念，忽视了任何新闻传播都需要建构在事实的基础上，也忽视了真正的新闻传播影响力是源于真实性。在新媒体中传播新闻，每个网民都是"总编辑"和"把关人"，每一次新闻传播都是对传播者自我信誉的展示，要对新闻源和事实进行判断。在基于理性判断的前提下进行传播，才能真正让自己成为有公信力的"新媒体人"。

2. 尊重知识产权

新媒体中的新闻传播大多内容非原创，或来自于传统媒体记者采写，或来自于 UGC，这种现象缘于新闻采写专业性和信息源有限性的门槛，也缘于许多个人或机构传播者都热衷于做平台。当前新媒体新闻传播的一个突出现象是：渠道过剩，内容不足。新闻内容作为新媒体传播中的核心资源，凝结了原创者的劳动在其中，是应该予以充分尊重的。这种尊重体现在新闻作品的署名权上，即凡转发新闻内容一定要注明作者及其代表机构名称；也体现在新闻作品的收益权上，即如果点击率带来传播平台的收益，应该与内容提供者进行分享。

3. 尊重个人隐私

"新新闻伦理"要求在新媒体传播中"不传私"。在传统媒体新闻报道中，涉及不愿透露本人身份的新闻当事人，会一律进行掩饰处理；而在新媒体的新闻传播中，由于传播者获取视频信息更加便捷，传播后的追惩性不强，随手拍的内容发出来往往涉嫌侵犯个人隐私。要维护良好的新媒体新闻传播秩序，对个人隐私的尊重应该成为道德底线和行为共识，"己所不欲，勿施于

人"，这是尊重他人，也是保护自己，更是为了构建良好的新媒体新闻传播秩序。在进行新闻生产与传播的过程中，要处理好公民隐私权和知情权的关系，将个人隐私放在优先位置，不可为一时轰动而损害他人的合法权利。

4. 尊重社会公益

新闻媒体的商业价值是通过媒体影响力来体现的。而在新媒体的新闻传播中，新闻的商品属性被放大，一旦忽视了新闻的公共品属性，只强调经济效益，就会出现低俗新闻、"有偿新闻"、"有偿不闻"，导致新闻传播的社会效益受损。从新闻传播的社会职能上看，新媒体一样要坚守社会效益优先的原则，将经济效益与社会效益有机结合在一起，也是建设更具公信力新媒体的要求。

5. 人文关怀——事实与人文关怀并重

重塑媒体伦理是维护信息生态健康、有序、整个社会和谐、平衡的助推因子，在传统的媒体伦理中，理性和责任的向度更多是从事实层面来加以表现，即追逐新闻报道的真实、全面、客观，现在这种取向应转变为事实和人文关怀并重，新媒体新闻应该赋予更多人文气息和人文关怀，更多地挖掘新闻事件中所蕴含的人性美，以最真实的情感给人以希望和慰藉，而不是煽风点火、肆意炒作。

6. 尊重公共利益

公共利益是相对于私人利益而言的，公共利益是指能满足公众物质与精神需要的事物，公共利益着眼于社会整体利益，新媒体传播无论是传播社会正面的事情还是监督负面的现象，均要把公共利益放在第一位：不能为了私人利益或本部门利益而不顾公共利益，要通过健康有趣的内容以及丰富多彩的形式来赢得受众，不能用庸俗、低俗、媚俗的影像来提高点击量，也不能靠星、腥、性的内容来吸引受众眼球。

7. 尊重国家利益

当今世界的新媒体舞台上，支持中国的正面声音在传播，诋毁中国的负面声音也不时出现。这种负面声音中不乏恶意丑化中国形象的谣言。对此类声音，新媒体传播者要有清醒的辨别力和牢固的思想定力，坚决不传播。国家利益不是抽象的，在新媒体的新闻传播中，具体表现在鲜明的国家立场上，表现在自觉维护国家尊严的行动上。

六、完善伦理评价——新媒体传播需要伦理评价机制

建立完善的新媒介伦理评价机制，使其逐步走向制度化和规范化，让各种规范和条理不再只是纸上谈兵，而是切实地实行符合法律和道德规范的要求。

宪法是国家的根本大法，是规范人们各种行为的基本法律规定，具有极大的权威性。评议新媒体及新媒体工作者的职业道德行为，必须看其是否符合宪法和相关法律的规定。因此，新媒体及新媒体工作者的行为和传播活动是否符合宪法和国家的有关法律、是否符合传媒方面的相关政策和条例，成为评价新媒体及新媒体工作者的根本依据及基本标准。新媒体的职业道德要以大众媒介的职业道德标准为依据，传媒职业道德是传媒工作者在长期的传播实践活动中形成的调整传媒行业内部及与其他社会组织或个人之间关系的传媒道德规范和准则，是社会道德对传媒工作人员所提出的特殊要求。

建立新媒体新闻评议制度。新闻评议制度，是运用自律方式让新闻界履行社会责任的一种行之有效的做法，它的主要内容包括：建立民间自愿性的新闻行业道德评议组织，出版新闻职业道德评议刊物，开展日常性的新闻伦理道德评议活动，以及制定相应的新闻职业道德规范等，新媒体的新闻评议组织的基本职能就是对新媒体的表现进行评议，并对一些违反新闻道德的案件做出不具有法律效力的裁决，但是一般只有裁决权而没有处罚权，一般不受理违法案件，新闻评议的结果虽不具有强制力，但能从道义上对有关媒介施加影响或压力，以期改进新闻工作，促进新闻事业的发展。

七、推动批评监督——完善新媒体监督机制

建立社会监督体制，督促新媒体传播伦理建设。政府管理部门应充分发挥主导者和协调者的社会角色，通过制订行业发展规划、完善法律法规、协调社会组织和社会力量等手段，积极参与传播伦理建设。

重视受众参与和监督作用的有效发挥，要保证公众能够平等地参与和监督新媒体，对于社会公众对某些传媒伦理失范行为的举报，要给予适当的奖励并完全保密，对于受众提出的意见和建议要及时受理，采纳其中的合理建议，对伦理失范行为给予适当的处罚。

在新媒体行业内部还应该开展形式多样的媒介批评和监督，新媒体可以借鉴传统媒体的内部监督方法，展开媒介批评，通过在报刊、广播电台和电视台、网络等媒体上开设专栏、专刊、专题节目等形式，对新媒体行为以及新媒体产品进行及时的评价和监督。①

八、建造技术之墙——加强新媒体技术的功能作用

互联网信息技术的进步，推动着现实社会与虚拟社会的共同进步。新媒体时代社会的发展依赖于互联网信息技术的发展，公民传播伦理失范的规范，不仅要依靠公民主观思维上的伦理道德意识引导，也要依靠客观的国家政策、法律法规。然而网络传播中出现的种种问题，都与信息技术脱不了关系，因此也应该重视以技术手段来解决、处理公民网络传播的问题，不断加强信息技术对公民传播伦理失范的监督与规范，才能维持社会和谐发展。

第一，积极研发信息新技术，提高网络信息过滤技术的升级。

公民隐私泄露、三俗信息、暴力信息的传播等有一部分源于信息技术的漏洞造成的后果，技术的漏洞让这些信息从"缝隙"中悄悄流入网络社会。病毒式文件的肆意攻击、信息技术的监管不力给公民传播伦理失范提供了

机会。

要不断加大技术的监管力度：首先，提高自媒体平台的后台信息技术监管能力，增强微博、微信等自媒体平台的后台运行对信息真实性的辨别能力，加强信息传播的控制技术的提高。其次，升级信息保护壁垒技术。要提高信息防火墙技术的过滤功能，提高其过滤、拦截网络社会中违背正常伦理道德的信息的能力，加强单机过滤与局域网过滤的有效结合。单机过滤是公民直接接触的过滤方式，公民传播伦理的失范在于接收了不良信息，所以应该提高公民信息接收的过滤能力，自动过滤违背伦理道德的信息；[①] 局域网信息的过滤层面则是从宏观网络传播整体而言的，提高网络信息传播终端的过滤技术，能够有效防治不良信息的大范围扩散，诱导公民传播伦理失范，维护有序的传播。最后，要增加对"黑客"攻击的反攻与防守能力。黑客最常用的攻击手段就是传播病毒式文件以获取利益，如熊猫烧香、木马程序等病毒给社会、国家造成了巨大损失，要加强对黑客攻击的防御技术，提高反病毒技术对信息的保护作用，才能有效保障网络传播的有序进行。

第二，完善实名认证。

正是因为自媒体的匿名性，所以一定程度上刺激了公民肆无忌惮的传播行为，加剧谣言、谩骂、发泄等公民传播伦理的失范。虽然社会上也有反对实行实名认证的观点，但本文认为实行自媒体实名认证。能够有效防止不法分子有意图的传播谣言、发泄怨气、谩骂攻击等网络犯罪行为，能够加大自媒体网络传播管理的力度，可以有效缓解公民的传播伦理失范，客观上增强公民的社会责任感，对自己的传播行为承担责任，有意识减少公民违背传播伦理道德的传播行为。

面对当下公民传播伦理失范的严峻性，国家出台系列法规政策：在《关于加强网络信息保护的决定》中提到，"任何组织和个人不得窃取或者以其他

---

① 陈汝东.论传播伦理学的理论建设［J］.伦理学研究，2004（03）

非法方式获取公民个人电子信息"。^① 该决定中明确规定泄露公民个人身份、散布个人隐私等具有侵害他人的行为都是违法犯罪行为。在修订后的《国务院关于废止和修改部分行政法规的决定》中明确提到要保护国家、公民信息安全，"利用互联网造谣、诽谤或者发表、传播其他有害信息，煽动颠覆国家政权、推翻社会主义制度，或者煽动分裂国家、破坏国家统一"^② 都将构成犯罪行为。在《互联网信息服务管理办法》中明确规定互联网信息服务提供者不得制作、复制、发布、传播含有煽动民族仇恨、散布谣言等内容的信息。^③

要形成适应时代的新媒体伦理规范与体系，需要依靠长期的媒介素养训练和社会环境熏陶。要科学地介入伦理形成的不同阶段，^④ 从个体、社会和国家三个层面进行讨论，对新媒体伦理建设提出建议。

本章作业：

1. 简述新媒体伦理失范有什么危害？

2. 请问如何加强新媒体伦理规范建设？

---

① 今日头条. 全国人民代表大会常务委员会关于维护互联网安全的决定

② 中华人民共和国国家互联网信息办公室. 全国人民代表大会常务委员会关于加强网络信息保护的决定［EB/OL］.（2012/12/29）［2015/12/13］.http：//www.cac.gov.cn/2012-12/29/c_133353262.htm

③ 王卉：《中国新闻传媒伦理失范成因与对策》［J］，《西南民族大学学报（人文社科版）》，2009年第11期

④ 今日头条. 全国人民代表大会常务委员会关于维护互联网安全的决定［EB/OL］.（2016/1/25）［2016/3/7］.http：//www.toutiao.com/i6243573701984387586/

第十一章 大数据、AI技术与
新媒体传播

互联网、物联网、大数据和云计算等技术的不断革新，越来越将整个社会推入大数据时代，大数据技术和 AI（Artificial Intelligence 简称 AI）技术已经渗透到各行各业当中，尤其对于媒体领域有重要的影响。新媒体蓬勃发展的今天，信息的数量呈现爆炸式增长，传统的媒体传播渠道已经不能满足受众的需求。所以，必须对大数据技术和 AI 技术进行充分的认识，并利用这两种技术来不断提升新媒体传播的实力，革新传播角度和方向，以此来确保新媒体的活力和影响力，实现可持续发展。

第一节 曾经很"神秘"的大数据与 AI

全球知名咨询公司麦肯锡在其报告《Big data : The Next Frontier For Innovation, Competition, And Productivity》中对大数据（Big Data）的定义是"大小超出了一数据库软件抓取、储存、处理和分析能力的数据集"。 ①

大数据又被叫作巨量数据、海量数据，通常是指所涉及数据信息规模庞大到无法借助人工方式提取的地步，就采用一些电子常规软件工具对其阐述

---

① ［英］西蒙·罗杰斯著．岳跃译．数据新闻大趋势：释放可视化报道的力量，中国人民大学出版社 2015 年第 1 版，第 145 页

的内容进行捕捉、获取、筛选、管理和处理，此时巨量数据演变成个体所能解读的信息。①

当下最为流行的关于"数据新闻"的研究主要来自一本名为《数据新闻手册》(Data Journalism Handbook) 的小册子，该书也是第一本专门探讨数据新闻的著作。在书中，伯明翰城市大学的保罗·布拉德肖 (Paul Bradshaw) 和德国之声的米尔科·洛伦兹 (Mirko Lorenz) 总结道：数据新闻能够帮助新闻工作者通过信息图表来报道一个复杂的故事，数据新闻还可以解释故事是如何与个人产生关联的，数据新闻也能够自己汇聚新闻信息。②

研究机构 Gartne 给出了这样的定义，"大数据"是需要新处理模式才能具有更强的决策力、洞察发现力和流程优化能力来适应海量、高增长率和多样化的信息资产。大数据时代，大数据云计算平台需要接收来自不同地区和不同类型的信息，而且数量庞大。这就给大数据技术的发展提出了更加严格的要求，所以大数据技术下一步的发展方向应该是对于文件的存储系统的架构和设计。

维克多·迈尔·舍恩伯格在《大数据时代》中，将大数据的特点总结 4 V，即 Volume（大量）、Velocity（高速）、Variety（多样）、Value（价值）。这主要体现在以下几个方面：第一，数据体量巨大；第二，处理速度快；第三，数据类型繁多；第四，价值密度低，商业价值高。

大数据除了能够存储和收集大量数据之外，最具有价值的功能就是能够帮助处理相关的数据，为行业提供更加具有针对性的意见和建议。但是庞杂的数据带来了更多的数据噪声，严重干扰了数据分析的过程。所以在进行数据处理的过程中，要综合各种环境的因素，这本身对于大数据处理设备也是一个考验。另外随着时代的不断发展，行业和个人对于数据处理的时效性要

---

① 魏漪. 大数据对新闻传播的影响研究［J］. 传播力研究，2017，1（7）：31.
② 王卉. 中国新闻传媒伦理失范成因与对策［J］，西南民族大学学报（人文社科版），
　 2009 年第 11 期

求将会越来越高。大数据的发展也带来了一定的数据安全问题。当前数据的价值已经逐渐被各行各业人士所看重，大数据技术离不开与互联网的连接，这就很容易造成用户数据的泄露或者黑客的攻击。

AI 技术也就是人工智能技术，主要是对于人的智能行为进行延伸，集合了生物科技、电子科技等的一项新的科学技术。人工智能实际上是计算机技术的一个领域。人工智能是通过模仿人的智能和人的思维模式，研究出与人的智能类似的机器。当前根据人工智能延伸出来的技术有机器人和图像识别技术等。在人工智能发展的过程中，其应用的领域也越来越广阔。未来我们有理由相信人工智能将会给人们的生活带来更多的便利，成为人脑智慧的延伸。但是人工智能不是对于人的行为单纯的复制过程，在未来有可能超过人的智力水平。人工智能涵盖的知识系统非常复杂，研制人工智能的相关人士必须要精通计算机知识，同时还要了解人脑思考和反应的机制与深刻的心理学知识等等。总而言之，人工智能的诞生最初是为了能够帮助人类完成一些简单的工作。但是随着时代的发展，它将帮助人类完成更加复杂的、多元的工作。

第二节　大数据对新媒体传播学的影响

一、当大数据遇见新闻

（一）数据新闻的缘起与全球扩散

在数字化为核心特征的信息技术不断发展并日趋普及的今天，数据体量爆炸式增长，海量数据渗透到各个行业，以英、美为代表的西方发达国家，以"分享"为核心精神的计算机软件开源运动如火如荼，政府数据的开放程度稳步提升，知识共享的理念深入人心，在此背景下，循着计算机辅助报道与精确新闻等量化新闻报道的发展脉络，数据新闻在西方发达国家的主流媒体应运而生。

英国《卫报》较早成立数据新闻团队并于2009年初在其官方网站上创立"数据博客"（datablog, https：//www.theguardian.com/data）栏目，清晰地采用数据新闻的概念，被视为数据新闻发展的一个里程碑。

2010年，由英国《卫报》、美国《纽约时报》及德国《明镜周刊》联合推动的曝光美军在阿富汗及伊拉克军事行动的"维基解密"事件，标志着数据新闻正式进入公众视野。其后，在全球新闻业普遍面临新媒体冲击的语境下，伴随着日渐增速的全球化步，数据新闻借助MOOC等知识共享平台迅速扩散，在世界各国落地生根。

2011年，由全球编辑网发起并组织，由谷歌提供资助与奖励的全球首个数据新闻专业奖项——"数据新闻奖"一经设立，便吸引到来自欧洲、北美洲、非洲、亚洲、南美洲、大洋洲等6个大洲，51个国家和地区的286个项目参与其中。①

2011年—2012年，一向苦于没有采编权，但技术优势显著的搜狐、网易、腾讯、新浪等四大门户网站纷纷推出首条数据新闻，并陆续设立专栏，成为中国数据新闻探索实践的先行者。凭借与指尖阅读行为及轻量化阅读习惯的高度契合，门户网站的数据新闻栏目一经上线，便获得了良好的传播效果。由此，传统媒体纷纷效仿门户网站的数据新闻实践，并将其作为发展融媒体报道的重要切入点。②

经过近六年的探索与发展，中国数据新闻的实践成果丰硕。以门户网站与主流传统媒体为代表的机构媒体相继组建了专门的数据新闻制作团队，定期推出数据新闻作品。网易"数读"、财新"数字说"等一批具有较高的品牌

---

① 王斌.大数据与新闻理念创新——以全球首届"数据新闻奖"为例.编辑之友，2013，06：16－19
② 张延坤.场域理论视野下中国数据新闻专业失范的原因初探［D］，武汉大学

认知度与美誉度的数据新闻专栏纷纷建立，一系列涵盖主题丰富、传播形态多样的数据新闻作品相继问世；以"图政数据工作室"为代表的、聚焦特定领域数据新闻生产的独立新闻机构开始涌现。

（二）数据新闻的含义

简单定义，数据新闻（Data Journalism）就是利用数据挖掘、数据分析、数据统计等技术手段从海量数据中发现新闻线索，通过可视化技术呈现新闻故事的新闻报道方式。[①]

早在 2006 年，中国学者刘平便在其《挖掘身边信息，用活数据新闻》一文中，首度以"数据新闻"为关键词，对其核心价值、数据来源，以及数据处理方式做了探讨。[②]

马春亭提出，所谓数据新闻学，就是以数据作为重要基础的一种新闻模式。数据新闻学作为一种全新的新闻模式，在大数据技术快速发展的新时期，使数据新闻学的功能得到了拓展，呈现出一些新的特征。一是数据新闻学能够发挥"说故事"的重要作用。二是数据新闻学能够强化个人与新闻事件的联系。三是数据新闻学使记者的角色发生了深刻的变化。[③]

在数据新闻方面，领先的是上海第一财经新媒体科技有限公司，其 2016 年做了大量的数据新闻，成效显著。2016 年 6 月，DT 君制作的《安卓画风浓烈的 iOS10 要来了，苹果也要随大流？》一文在搜狐财经平台上的点击量超过 600 万；同年 12 月，DT 君在腾讯企鹅号财经类影响力榜排名 14。2016 年上半年，实现月均 PV1000 万的目标，且在包括微信在内的各个渠道上累积至 10.8 万货真价实的订阅用户；下半年，在业内形成"最专业的用大数据做商业新闻"的品牌形象，开发了"数据侠计划"，目前形成数据侠专栏、数

① 刘义昆.大数据时代的数据新闻生产：现状、影响与反思，现代传播，2014 年第 11 期

② 刘平.挖掘身边信息，用活数据新闻，中国统计，2006，（08）：58

③ 马春亭."数据新闻学"的发展路径与前景探析，新闻传播，2017 年 1 期，75 — 76 页

据侠联盟 (线上社群)、数据侠实验室 (线下活动) 三块业务。[①]

（三）数据可视化

数据可视化是指借助于图形化手段，来清晰有效地传达与沟通信息，这需要利用各种软件和工具。

数据新闻借助编程工具和绘图软件等，提高数据的可视化程度。2017 年可视化类获奖作品是《华尔街日报》制作的《音乐剧汉密尔顿背后的韵律》。这件新闻作品的制作算法受到评选委员的高度赞扬，这也是其能在数百件参赛作品中脱颖而出拔得头筹的直接原因。该报图形编辑，也就是此算法的创始人埃里克·辛顿和乔尔·伊斯特伍德认为核心设计在于"有趣"和"互动"。"有趣"主要表现在报道的形式上，整篇新闻共穿插了 15 个摘自音乐剧的片段，用户点击播放按键，即可收听，与此同时，随着音乐的推进，每个音节所代表的韵律也以菱形图案依次出现，且相同的韵律与相同颜色的菱形图案搭配，用视觉去感受听觉艺术，可视化效果明显；而"互动"在于两个方面，一方面即用户在阅读此篇报道的时候可以自主操控播放以及停顿按钮，另一方面是在报道的最后，用户输入其他内容如音乐歌词或原创歌词等，都可得到与文中相同的可视化分析，而且这一设计也使报道收获了一个意想不到的结果，即教师利用最后的互动界面教授学生诗歌的韵律。[②] 新媒体平台可能获得的数据资源包括新闻内容数据、素材数据、历史数据、媒资数据、用户资产数据、用户行为数据、生产流程数据、内容传播数据、媒体云数据、互联网新闻数据、UGC 数据、公众热点数据、网络行政数据、政府数据等等。一方面建立起自身的用户体系，以逐步变受众数据为用户数据；另一方面尽快把现有静态的存量内容资源转变为动态的、互动的数据资源。

① 　[英] 西蒙·罗杰斯著. 岳跃译. 数据新闻大趋势：释放可视化报道的力量，中国人民大学出版社 2015 年第 1 版，第 145 页

② 　郭全中. 传统媒体大数据转型的实践、问题与对策，现代传播 2017 年第 12 期 (总第 257 期)6 — 9 页

二、大数据技术对新媒体传播的影响

1. 再造新闻生产流程

对于新闻业界，数据新闻的推行意味着新闻生产流程的变革。数据记者米尔科·洛伦兹提出了生产数据新闻的四个步骤，即挖掘数据——过滤数据——数据可视化——新闻报道制作完成。而《泰晤士报》新视觉新闻团的工作流程则是：定选题——挖掘数据——编辑数据——制图——成稿。[①]

保罗·布拉德肖在《数据新闻的倒金字塔结构》[②]一文中提出了"双金字塔模型"，更全面地揭示了整个报道过程中，数据在质量以及传播上的变化。布拉德肖以倒金字塔来表示数据处理的过程，包括数据汇编、数据整理、了解数据和数据整合等四个部分。数据处理的最终目的是为了完成数据的可视化并实现有效传播。而数据新闻的传播则以"正金字塔结构"进行，包括可视化、叙事化、社会化、人性化、个人定制化和使用等六个步骤。数字技术和网络从根本上改变了信息获取的方式。

2. 投放信息更加精准

当前各式各样的社交媒体在传播信息方面有着超乎寻常的巨大作用。任何新媒体在运行过程当中，必须具备一定的商业价值。大数据能够帮助新媒体在拓宽传播渠道的同时，增加自己的商业价值 。[③]

部分新闻门户网站会根据用户浏览的情况，对于用户的关注倾向进行分析，进而得出用户有可能感兴趣的内容。很多商品和购物平台就看中大数据技术在新媒体传播中的应用，采取与网站合作的方式，向用户推荐相关的商品，增加浏览量和购买量。社交媒体会获取和分析用户的数据，对这些数据

---

① 魏漪.大数据对新闻传播的影响研究［J］.传播力研究，2017，1（7）：31.

② 郑蔚雯、姜青青：大数据时代，外媒大报如何构建可视化数据新闻团队，中国记者，2013年第11期

③ http://onlinejournalismblog.com/2011/07/07/the — inverted — pyramid — of — data — journalism/，访问于2014年7月11日

进行详细的处理，找寻用户潜在的消费需求，然后进行有针对性的投放行为。根据用户浏览留的痕迹，既能够帮助新媒体有针对性地拓宽自身的传播渠道，还能提升自身的商业价值，具有较高的实用性。

3. 健全监督审核机制

在大数据环境下，可以利用大数据技术鼓励受众积极行使对社会和媒体环境的监督权利，尤其是有恶劣影响的虚假信息或者谣言等，通过社会力量对这些信息进行相应的控制。

新媒体可以设置用户举报系统，发现其他用户出现言辞不当的情况就可以利用这个系统进行举报。后台可以采取禁言、永久封号或者注销账号的措施。如在新浪微博运行当中，就有针对传播虚假信息或者淫秽信息的举报功能。新媒体后台运行过程中可以借助大数据技术从庞杂的数据群当中找到新的审核办法，有针对性地进行处理。

三、"数据+"理念

移动化、数据化、智能化是大趋势。目前，移动互联网的红利基本已经过去，未来将是数据化和智能化的红利。大数据和人工智能相辅相成，对于人工智能，云计算是基础，大数据是燃料，算法则是发动机，现在主导的人工智能技术都是基于大数据驱动的，大数据将起着越来越重要的作用。[①]

未来学家丹尼尔·贝尔在《后工业社会的来临》中写道："未来社会的发展必然是一个有计划的技术发展社会，新的预测方法和探测技术的发展，有可能在经济史上开辟一个崭新的阶段——有计划、有意识地推动技术变革，从而减少对经济前途的不确定性。"传感器和微处理器等新技术的发明应用，有助于随时随地获取人的行为信息，结合大数据的挖掘、加工、分析手段及可视化处理的呈现，正在实现丹尼尔·贝尔的预言，即从技术发展模式规划

---

① 　http://datajournalismhandbook.org/chinese/intro_0.html，访问于 2014 年 6 月 25 日

预测到植根其强大服务功能的社会形态预测，使人类走向相对确定、更为经济的发展路径。①

在"互联网+"的浪潮下，信息技术引爆了从数据积累到大数据应用的量变和质变，传统行业都在讨论如何结合大数据成功实现互联网化转型。全球知名咨询公司麦肯锡称："数据已经渗透到当今每一个行业和业务职能领域，成为重要的生产因素。人们对于海量数据的挖掘和运用，预示着新一波生产率增长和消费者盈余浪潮的到来。"②

大数据资源成为重要的战略资源，在"互联网+"的趋势下，大数据应用将促进信息技术与各行业深度融合。互联网的本质是数据化，就是对事物的一种量化分解形式，数据化包括数据采集、数据挖掘、数据分析、数据应用。数据化越高，人们对事物的解读、解构、判断、复制、传承、预测的能力就越强。

大数据是面向应用的，只有与具体行业结合才是有价值的。这里借用"互联网+"的概念，提出"大数据+"的概念，其实质就是指把大数据思维嫁接到不同的产业中，推动大数据在各行各业落地。

第三节 AI 技术与新媒体传播

一、AI 是什么?

人类活动的智能是指人类在认识与改造世界的实践中通过脑力劳动体现出的能力。人工智能作为一门综合了计算机、信息控制论、神经生理学、心理语言学和哲学等多种学科相互渗透于一体的综合性学科，具有广泛应用的

---

① 赵子蒙.大数据和 AI 技术在新媒体传播渠道中的应用分析，新媒体研究，2017 年第 22 期，26 — 27 页
② 张延坤.场域理论视野下中国数据新闻专业失范的原因初探［D］，武汉大学

交叉性与前沿科学价值，引起了诸多科技领域的高度关注。①

美国高盛《2016 年人工智能生态报告》解释："人工智能是制造智能机器、可学习计算程序和需要人类智慧解决问题的科学和工程。通常包括自然语言处理和翻译，视觉感知，模式识别，决策制定等，但应用的数量和复杂性在快速增长。"

人工智能中的数据处理、语音与图像识别、机器学习/深度学习、算法等在新媒体传播中已具备普遍适用性。

2016 年 3 月，谷歌旗下的围棋人工智能程序战胜了围棋世界冠军李世石，一时间引起全球范围内对人工智能(Artificial Intelligence 简称 AI)的广泛热议。

近年来，各大科技公司纷纷进军人工智能领域，如特斯拉、百度的无人车；IBM 的 Watson 认知平台；苹果的 "Siri"；微软的 "小冰""小娜" 等。在全球资本转冷的大环境下，人工智能领域仍然能迅速成为各大风险投资基金的追逐热点，2012 年至 2016 年 5 年间融资额度分别为 3.5 亿、5.8 亿、9.8 亿、12 亿、89 亿美金。

世界互联网教父凯文·凯利预测，人工智能会是下一个 20 年颠覆人类社会的技术，它的力量将堪比电与互联网。

二、当 AI 携手新媒体

1.人工智能帮助新媒体内容制作

人工智能实际上就是人的智能的一种延伸，所以可以代替部分人脑的工作。在对媒体内容进行编写之前，人工智能可以根据关键词对于素材进行自动搜索，对错别字和歧义词进行甄别和改正，根据板块的要求鉴别内容是否符合要求。人工智能在体育新闻中表现比较出色。比如球迷对于足球比赛的赛事追踪，人工智能能够保持 24 小时追踪播报，满足用户的个性化需求。

---

① 丁梅芊、金小湘.新媒体中的新主体——人工智能的应用［J］.科技与创新，2017(04):135 — 138

2017 年 12 月 18 日，国内首家广播人工智能实验室在长沙揭牌。湖南广播电视台广播传媒中心与科大讯飞股份有限公司携手共建"AI+广播新技术"研发应用平台，双方希望通过共同研发 AI 技术在音频传播领域中的新应用，改造广播传统生产模式，解决行业痛点。该平台将融合各自在内容、技术、渠道、运营等方面的优势，利用语音及人工智能交互、云计算、大数据等技术推动广播媒体的创新、转型、发展。主要体现在：改变广播内容人工制作的方式，利用人工智能对所有文字内容进行重组播出，方便快捷；改变收音机收听广播的方式，人们可以通过智能音箱、智能电视来收听，并便捷地双向互动，人工智能根据你的需求和喜好，精准提供你喜欢的节目。联合实验室未来主要方向是在新技术和大数据环境下，人工智能在音频传播领域的应用研究和广播运营模式研究。

2. 人工智能可以代替部分人力审核内容

新媒体时代，每天信息都呈现爆炸式激增，新媒体平台需要安排大量的人员对内容进行相关的审核。人工智能可以代替部分人力对于内容进行审核。比如设置一定的关键词，对带有类似关键词的内容进行下架和屏蔽。人工智能能够记录人工审核的行为，并做出模仿和类似的审核行为，帮助新媒体提升自身的审核能力。

3. 将内容依据算法分发给不同受众

算法是计算机解决问题的方法，是人工智能思考问题、处理问题的基础核心，也是其方法论。而算法是目前新媒体领域对人工智能最常见的运用，如百度、今日头条的内容分发，其本质核心便是人工智能，将内容依据算法分发给不同受众，这在实际上是一种数据积累和维度刻画：一个受众长期使用某新媒体应用浏览内容，该用户的阅读数据就会被不断反馈进数据库，用户画像就逐渐清晰。同时，随着用户数量的增加，通过相似点描绘可以将人不断地分群，进行群体分发，再加上之前累积的数据，通过算法运算完成智能化推荐。①

4. 帮助新媒体受众改善体验

媒体会将算法与新闻相结合，基于用户兴趣模型进行内容推荐，这样用户就会对该媒体产生一定的认同感和依赖心理，更多地使用该新媒体来阅读新闻信息，使用新媒体平台的时候感受会更好。当用户在使用新媒体的时候，通常由于新媒体信息的繁杂，在对信息进行收藏的时候往往会受到个体记忆能力的限制，无法对这些信息进行及时的调取。人工智能就会及时帮助用户找寻过去相关的信息收藏。人工智能帮我们将求知延伸到难以触及的未知，带来的是更加自由高效的新媒体体验，这是新媒体的重大革新。

案例：全国首个电视端实时弹幕在河南卫视运行互联网视频、直播平台的玩法，被河南卫视搬到了传统的电视端，出现在周播节目《剧说你要来》的屏幕上。作为全国卫视频道首例电视弹幕的开创者，第一个用互联网工具"吃螃蟹"的传统广电节目，在剧集播出过程中，观众不仅可以在线为喜爱的演员"刷礼物""发弹幕"，甚至可以通过在线投票轻而易举地"掌控"故事剧情发展，使观众不再只是观看者，而是全程的参与者，收视率、互动率节节攀升也足以说明"改变""创新"的重要性。

5. 数据反馈提高点击率

新媒体数据主要包括阅读量、点击率、转发量、收藏量等，同时也涉及粉丝的地域分布，粉丝性别比例等，并且实时更新。但收集数据并不是最重要的一环，若收集到的数据不加任何处理和利用，就无法产生实质价值，因此对于新媒体而言更重要的是怎样对收集来的数据进行处理反馈。对新媒体平台来说，受众的屏幕展示位置虽然可以无限下滑刷新新的内容，但优先级顺序是有限的，平台可以通过算法计算出最受欢迎的内容优先展示给受众，比如"哔哩哔哩"视频平台会对视频内容的播放量、弹幕数、收藏量、投币数、分享次数进行计算，得出一个综合分数并优先展示分数高的内容，再进

---

① 刘义昆.大数据时代的数据新闻生产：现状、影响与反思，现代传播，2014 年第 11 期

行反馈，最终产生影响。人工智能还会记录用户的使用数据，知道每个用户注意力会最先集中在屏幕的哪个位置，将极力推广的内容自动适配到该位置，从而极大地提升点击率。[①]

2017 年，农历鸡年春节来临之际，人民日报通过微博、微信、客户端、人民网等平台推出首款人工智能机器人与网友互动，陪全国人民聊过年。你会看到："你好，我是小融，初次见面，请多关照。"这不是句普通问候，而是出自人工智能机器人之口。当网友在 H5 对话界面用语音录入时，该机器人分析语义，做出相应回答，并配合各类表情。除了过年话题，互动聊天范围还包括日常问候、猴年热门事件、新年展望等。

人工智能有着巨大的潜力，抓住人工智能的发展机遇，就等于握紧了新时代的钥匙。我国的腾讯企业已经设立了 AILab，专门用于研究新型人工智能，目前的研究方向集中在计算机视觉、语音识别、自然语言处理、机器学习部分；百度已经取得了诸多人工智能应用成果，比如 AI 驾驶汽车，小度对话式人工智能系统；阿里更是在大数据上钻研人工智能的应用。

因此，网络连接的不再是人和人，而是进行直接的信息与信息的交流与沟通。在人与人的一些交流中，比如商业交流、咨询服务等需要大量信息支撑的烦琐环节也可以通过人工智能轻易解决。这便给社交软件带来了新的传播模式，引领着自从 QQ、微信、Facebook、Twitter 创立以来新的社交革命。[②]

随着时代的不断变迁，大数据技术和 AI 技术将会影响到我们的思维模式和行为模式。尤其是对于新媒体的影响和改变，大数据技术和 AI 技术能够有效拓展新媒体传播渠道，帮助实现更佳的传播效果，改善用户使用经验，为新媒体带来更多的收益。

---

① 刘平.挖掘身边信息，用活数据新闻，中国统计，2006，（08）：58
② 马春亭."数据新闻学"的发展路径与前景探析，新闻传播，2017 年 1 期，75－76 页

本章作业

1. 请论述什么是大数据及其对新媒体传播的影响?

2. 请介绍什么是 AI 技术及其对新媒体传播的影响?

3. 请问 AI 如何帮助新媒体受众改善受众体验?

参考书目

［1］胡泳.众声喧哗：网络时代的个人表达与公共讨论［M］.广西：广西师范大学出版社，2008

［2］［美］凯斯·桑斯坦著.谣言［M］张楠译.北京：中信出版社，2010

［3］王江涛.哈贝马斯公共领域思想研究［M］.北京：中国社会科学出版社，2015

［4］李彬.传播符号论［M］.北京：清华大学出版社，2012

［5］［美］克利福德·克里斯蒂安.媒体伦理学——案例与道德论据［M］.蔡文美等译，北京：华夏出版社，2002

［6］罗国杰.伦理学［M］.北京：人民出版社，2014

［7］陈绚.大众传播伦理案例教程［M］.北京：中国人民大学出版社，2010

［8］［美］丹·吉尔默.草根媒体［M］.陈建勋译,南京：南京大学出版社，2010

［9］刘建华.一本书学会新闻写作［M］.北京：人民日报出版社，2011

［10］陈力丹.舆论学：舆论导向研究［M］.上海：上海交通大学出版社，2012

［11］曾盛聪.伦理变迁与道德教育［M］.广东：广东人民出版社，2006

［12］杨礼富.网络社会的伦理问题探究［M］.吉林：吉林人民出版社，2008

［13］周国文.公民伦理观的历史源流［M］.北京：中央编译出版社，2008

［14］［德］康德.论教育学［M］.赵鹏、何兆武译.上海：上海人民出版社，2005

［15］徐云峰.网络伦理［M］.武汉：武汉大学出版社，2007

［16］杨光斌.政治学导论［M］.北京：中国人民大学出版社，2007

［17］贾西津.中国公民参与——案例与模式［M］.北京：社会科学文献出版社，2008

［18］唐凯麟.伦理学［M］.北京：高等教育出版社，2001

［19］田中阳.大众传播学理论［M］.长沙：岳麓书社，2002

［20］赛伦·麦克莱.传媒社会学［M］.曾静平译.北京：中国传媒大学出版社

参考文献

［1］张百新.坚持正确导向　履行职责使命　开启新时代新征程——学习党的十九大报告中关于新闻舆论工作论述的几点体会［J］.中国记者,2017(12):21-25.

［2］从三个维度着力　在深与实上突破——做好学习贯彻党的十九大精神宣传报道的实践和思考［J］.中国记者,2017(12):29-32.

［3］贺俊浩、赵旭红.以镇版之作和刷屏产品为十九大打CALL——三大央媒十九大报道创新解析［J］.中国记者,2017(11):16-18.

［4］黄小华.党的十九大报告的四大亮点及其理论贡献［J］.探索,2017(06):9-14.

［5］贾立政.新时代中国特色社会主义的认识论——十九大报告对马克思主义认识论的重大发展［J］.人民论坛,2017(S2):18-23.

［6］郑功成.全面理解党的十九大报告与中国特色社会保障体系建设［J］.国家行政学院学报,2017(06):8-17+160.

［7］胡锦涛.坚定不移沿着中国特色社会主义道路前进,为全面建成小康社会而奋斗——在中国共产党第十八次全国代表大会上的报告［J］.求是,2012(22)

［8］孔华.微博冲击下传统媒体的应对策略［J］.新闻世界,2012（06）

［9］季爱民.对信息技术伦理根基性的思考［J］.社会科学研究,2013（03）

［10］杨增崒.全面建成小康社会决定性阶段的社会心态培育［A］.全

面小康：发展与公平——第六届北京市中青年社科理论人才"百人工程"学者论坛（2012）论文集［C］.2012

［11］张斌.对"自媒体"的概念界定及思考［J］.今传媒，2008（08）

［12］李文冰.传播社会学视角下的网络传播伦理失范治理［J］.湖北大学学报（哲学社会科学版），2015（02）

［13］叶耿标.基于自媒体平台的传播伦理研究［D］.广西大学.2013

［14］董洁.网络伦理失范与价值建构［D］.陕西师范大学.2014

［15］张弛.新媒体背景下中国公民政治参与问题研究［D］.吉林大学，2015

［16］刘霞、邓名瑛.论网络传播对社会伦理道德的双重影响［J］.湖南大学学报，2009(l)：125-130

［17］代玉梅.自媒体的传播学解读［J］.新闻与传播研究，2011(05)

［18］Michael Keller：How' Platformsas Publishers' Could Threaten Journalistic Ethics. Editor & Publisher［J］，2016，Vol.149(9)，p.58

［19］王卉：《中国新闻传媒伦理失范成因与对策》［J］，《西南民族大学学报 (人文社科版)》，2009 年第 11 期

［20］胡泳：《我们需要什么样的网络意见领袖？》［J］，《新闻记者》，2012 年第 9 期

［21］唐大麟、王文宏.浅谈新媒体文化的建构［J］.新闻知识，2010(9)：40

［22］张秀蓉.浅论新媒体时代新闻传播主体的变迁［J］.新闻研究导刊，2016(22)：98

［23］何贵石.新媒体时代下新闻传播主体的改变探究［J］.科技传播，2016(03)：28+32

［24］张哗.浅论全媒体时代策划对新闻传播的重要意义［J］理论与当代，2011(08)：40-42

［25］高颖.新媒体时代下的新闻传播主体［J］.西部广播电视,
2015(17)：20

［26］王颖.关于新媒体时代下新闻传播主体的变迁当议［J］.新闻研究
导刊, 2015(14)：330

［27］孙博逊,初明利."网红"的发展脉络及其对青少年的榜样效应［J］.
中国青年研究.2016-11-05

［28］郑文聪."网红3.0"时代的特征及受众心理［J］.新媒体研
究.2016-04-22

［29］沈霄、王国华,杨腾飞,钟声扬.公共管理视角下我国网红的现状、
问题及其治理［J］.电子政务.2016-12-20

［30］沈霄、王国华、杨腾飞、钟声扬.我国网红现象的发展历程、特征
分析与治理对策［J］.情报杂志.2016-11-18

［31］敖鹏.网红为什么这样红？——基于网红现象的解读和思考［J］.
当代传播.2016-07-15

［32］周梦媛.社交媒体下的"网红"群体解读[J].传播与版权.2016-10-15

［33］杨淑娟、刘景景、沈阳.媒体微信公众平台服务发展现状及对策——
基于"新媒体指数"大数据平台的分析［J］.新闻与写作, 2015（2）：10-14

［34］孙曌闻.基于大数据思维的对新闻App的新闻传播方式的思考——
以今日头条新闻App为例［J］.新闻研究导刊, 2015（11）：231

［35］申亚美.移动互联网时代传统媒体的传播策略——基于"今日头条"
的思考［J］.新闻世界, 2015（2）：13-14

［36］程文灵.对大数据时代新闻生产和价值实现的思考［J］.新闻世界,
2015（2）：15-17

［37］徐轶瑛、郭媛媛、沈菁、等.未来媒体视阈下的传播变革［J］.现
代传播（中国传媒大学学报）, 2017（6）：141-147

［38］王瑾."直播热"——全民狂欢背后的反思［J］.新闻研究导刊,

2016（18）：339

［39］丁磊、迟昕.移动直播：社交变局中的突进者［J］.西部广播电视，2016（10）：3

［40］陆金芸.移动直播时代的直播新模式浅析［J］.新媒体研究，2016，2（16）：18-19

［41］刘淑梅、黄儒敏、李淑云.基于拉斯韦尔"5W模式"的微信传播探析［J］.佳木斯大学社会科学学报,2016,34(06):162-164

［42］王珮.新媒体传播特征及其对营销传播活动的影响［J］.西部广播电视,2016(07):26

［43］曹雪彦、李剑利."互联网+"背景下创新宣传思想工作的调查与思考——从石家庄政务新媒体说开去［J］.中共石家庄市委党校学报,2016,18(11):42-45

［44］李列.全媒体时代视觉呈现的特征［J］.影视制作,2017,23(11):38-41

［45］薛芙蓉."微"传播"巨"影响——网络微传播特点及效果浅析［J］.今传媒,2012,20(01):89-91

［46］丁梦琪.传播学5W理论视角下新媒体传播特点研究［J］.今传媒,2015,23(03):32-34

［47］安娜、林建成.新媒体条件下社会思潮传播的特征及其引领［J］.社会主义研究,2016(06):118-124

［48］杨中举、陈珊.分裂与聚合：微传播对5W的影响［J］.临沂大学学报,2015,37(04):37-41

［49］赵子蒙.大数据和AI技术在新媒体传播渠道中的应用分析［J］.新媒体研究,2017,3(22):26-27